JN040966

Espressioni
comuni di
uso quotidiano

3パターンで決める
日常イタリア語会話
ネイティブ表現

［新装版］

Izumi Moriguchi

語研

本書は，2012年11月に刊行された『日常イタリア語会話ネイティブ表現』の音声について，CDブック仕様（CDを本に装着）から「音声無料ダウンロード付き」（MP3形式）に仕様を変更した「新装版」です。MP3形式の音声をダウンロードすることにより，パソコン，各種モバイル端末での音声学習を容易にいたします。内容面の変更については，変更はありません。

はじめに

この本はひと言で言えば表現集に分類されるものです。ひと通り文法の基礎を学んだ中級者を念頭に置いて書かれています。しかしながら，接続法を使った例文は数えるほどしかありませんから，初級の人でも最初の数章であれば，十分に理解した上で活用していただけると思います。また，月並みなものばかりが繰り返されることのないよう，会話例のヴァリエーションが多彩になるよう努めましたので，中級よりも上のレベルの方々にもいろいろな発見をしていただけると思います。

見出しとして取り上げた501の基本フレーズには，決まり文句として日常的にごくふつうに使われるものを優先して選びました。基本フレーズの下に例として挙げた会話文は，なるべくあいまいな設定を避け，具体的な場面が思い浮かぶように工夫してあります。

まずは決まり文句を覚え，頭の中で考えなくても反射的にフレーズが口をついて出てくるようにすることが肝要です。キャッチボールのように言葉をやり取りする，対話形式のコミュニケーションが円滑に取れるようになったら，もう一歩踏み出して頭の中の考えに形を与えることにトライしてみましょう。どんな単語を選び，どんな順番で配置し，どんなふうにまとめ上げたらいいのかを，具体例を使って示してあります。見本として参考になさってみてください。

日常的に反復されるフレーズはもちろんのこと，環境問題，経済危機，原発のことなど，今を生きる私たちが発信したいトピックスを意識的に選んでみました。もちろんイタリア人が大好きなサッカーの話題も盛り込んであります。「これはイタリア語でどう言ったらいいんだろう」と迷ったときに，辞書のようにめくってみてください。

では，最後にひと言。

Studiate divertendovi!（楽しみながら学んでください）

森口 いずみ

目 次

I 声をかける

II　質問する・答える

Ⅲ 情報を伝える・反応する

Ⅳ 意思を伝える

V 誘う・申し出る

VI 依頼する・要求する

Ⅶ 問題と解決

【装丁】
平木 千草（ひつじ工房）

【イラスト】
オガワ ナホ

【吹き込み】
Livio Tucci
Violetta Mastragostino

★本書のイタリア語タイトルは, “Espressioni comuni di uso quotidiano” です。

★音声は，対話例のイタリア語のみが 1 回，自然な速さで収録されています。また，対話例で A*: や B*: の “*” マークが付いているところは女性吹き込み者を，付いていないところは男性吹き込み者を表しています。

★音声ファイルは対話ごとに分かれていて，全部で 501 ファイルあります。（🎧マーク＋番号で示しています）

★イタリア語には日本語にない発音があります。正確なイタリア語の発音を身につけるためには，音声を用いた繰り返し学習が効果的です。

【音声の無料ダウンロードについて】

本書の音声（対話例のイタリア語のみ）が無料でダウンロードできます。パソコンで下記の URL（弊社ホームページ「無料音声」のページ）にアクセスして，ダウンロードしてご活用ください。スマートフォンやタブレットをご使用の場合は，下記の QR コードをご利用ください。Wi-Fi 接続でのダウンロードを推奨します。

https://www.goken-net.co.jp/audio/audio_index.html

＊収録箇所は 🎧 マークと番号を表示してあります。
＊収録時間は約 75 分です。

《注意事項》

- ダウンロードできるファイルは ZIP 形式で圧縮されたファイルです。ダウンロード後に解凍してご利用ください。
- 音声ファイルは MP3 形式です。iTunes や Windows Media Player などの再生ソフトを利用して再生してください。
- インターネット環境によってダウンロードができない場合や，ご使用の機器によって再生できない場合があります。
- 本書の音声ファイルは一般家庭での私的利用に限って頒布するものです。著作権者に無断で本音声ファイルを複製・改変・放送・配信・転売することは法律で禁じられています。

Espressioni
comuni di uso quotidiano

I

声をかける

□ 001

おはよう
Buongiorno

A:	Buongiorno, signora Marchi.
B*:	Buongiorno, signor Rossi. Non ci vediamo da tanto tempo.

A：おはようございます，マルキさん。
B：おはようございます，ロッシさん。お久しぶりですね。

ポイント vedersi《相互的再帰動詞》互いに顔を合わせる。

□ 002

やあ
Ciao

A*:	Ciao, Luigi.
B:	Ciao, Sandra. Come va?

A：おはよう，ルイージ。
B：やあ，サンドラ。調子はどう？

ポイント ＊ciao は「さようなら」の意味でも用いる。　Come va? ＊va (andare) の主語は漠然とした la cosa（物事，事情）を指す。

□ 003

楽しい一日を
Buona giornata

A*:	Andiamo a vedere i panda allo zoo.
B:	Allora buona giornata.

A：動物園にパンダを見に行くの。
B：それじゃあ楽しい一日を。

ポイント panda パンダ ＊-a で終わるが男性名詞なので注意。　zoo 動物園。

□ 004

こんばんは

Buonasera

A*: Buonasera. Sta tornando a casa?
B: Buonasera. Sì, passo un attimo dal tabaccaio.

A：こんばんは。お帰りですか。
B：こんばんは。ええ，ちょっとタバコ屋に寄ろうと思っています。

stare ＋《ジェルンディオ》～しているところだ。 **passare da** ～に立ち寄る。 **tabaccaio** タバコ屋 ＊バスの切符，切手，のど飴などさまざまなものが売られている。

□ 005

おやすみなさい

Buonanotte

A*: Ora devo tornare a casa. Buonanotte.
B: Buonanotte. Riposati bene.

A：もう帰らなくちゃ。おやすみなさい。
B：おやすみなさい。ゆっくり休んで。

riposarsi からだを休める。

□ 006

いい夢を！

Sogni d'oro!

A*: È tardi. Vado a letto. Buonanotte.
B: Buonanotte. Sogni d'oro!

A：もう遅いから寝るね。おやすみなさい。
B：おやすみ。いい夢を。

tardi 遅い。 **andare a letto** ベッドに入る，寝に行く。 **sogno** 夢。 **d'oro** 金色の，黄金の。

1-03. 街中で初対面の人に

□ 007 すみませんが…
Senta

A*: Senta, signore, la fontana di Trevi è lontana?
B: No, signora, circa dieci minuti a piedi.

A： すみませんが，トレヴィの泉は遠いでしょうか。
B： いいえ，歩いて 10 分ほどですよ。

senta：**sentire**（聞く）の **Lei** に対する命令形。 **lontano** 遠い。 **circa** およそ，約。 **a piedi** 徒歩で。

□ 008 すみませんが…
Scusi

A: Scusi. Mi sa dire che ore sono?
B*: Senz'altro. Sono le quattro e un quarto.

A： すみませんが，時間を教えていただけますか。
B： もちろんです。4 時 15 分です。

scusi：**scusare**（許す）の **Lei** に対する命令形。 **senz'altro** もちろん。 **un quarto** 4 分の 1 ＊1 時間の 1/4 = 15 分。

□ 009 聞きたいことがあるのですが
Vorrei un'informazione

A: Scusi, vorrei un'informazione.
B*: Mi dica.

A： すみません，お伺いしたいことがあるんですが。
B： なんでしょうか。

vorrei：**volere**（欲しい）の条件法。＊条件法にすることで柔らかさが出る。
dica：**dire**（言う）の **Lei** に対する命令形。

□ 010

この席は空いていますか？
Questo posto è libero?

A: Scusi, questo posto è libero?
B*: Sì, prego. S'accomodi.

A： すみませんが，この席は空いていますか。
B： ええ，どうぞ。おかけください。

libero 空いている。　**accomodarsi** 腰をかける，楽にする。

□ 011

列に並んでいますか？
Lei sta in fila?

A: Lei sta in fila?
B*: Sì. È quasi mezz'ora che aspetto qui.

A： 列に並んでいますか。
B： はい。もう半時間ほど待っています。

fila 行列。　**mezz'ora** 半時間，30 分。

□ 012

ここを通ってもいいですか？
Qui si può passare?

A*: Scusi, qui si può passare per andare in bagno?
B: No, signora, deve passare da là.

A： トイレに行くのにここを通ってもかまいませんか。
B： いいえ，向こうからお回りください。

si ＊非人称の不特定多数の人々を指す。　**là** あちら，向こう。

1-05. パーティーで

□ 013 楽しんでる？
Ti stai divertendo?

A: Ti stai divertendo?
B*: Sì, certo. Grazie per l'invito.

A：楽しんでる？
B：ええ，もちろんよ。招待してくれてありがとう。

divertirsi 楽しむ。 **invito** 招待。

□ 014 ここにはよくおいでになりますか？
Viene spesso qui?

A: Viene spesso qui?
B*: No, non tanto. Solo qualche volta.

A：ここにはよくおいでになりますか。
B：いいえ，それほどでも。たまにです。

spesso 頻繁に，足繁く。 **qualche volta** ときどき。

□ 015 ご一緒してもいい？
Posso stare con voi?

A: Scusate, posso stare con voi?
B*: Come no! Accomodati qui.

A：失礼。ご一緒してもいいかな。
B：もちろんよ。ここにかけて。

come no もちろん ＊直訳すると「**no** なわけがない」。

□ 016 どうかした？

Cosa hai?

A: Cosa hai? Non mangi niente!
B*: Infatti non ho appetito. È solo che sono un po' stanca.

A：どうかしたかい？　全然食べてないじゃないか。
B：ええ，食欲がなくて。でもちょっと疲れてるだけだから。

ポイント infatti 実際のところ。　appetito 食欲。　solo che ～なだけだ。

□ 017 顔色が悪いけど…

Hai una faccia...

A: Hai una faccia... Sembri stanchissima.
B*: Stanotte non ho chiuso occhio.

A：ひどい顔してるね。相当疲れてるみたいだけど。
B：昨夜はまるで眠れなかったの。

ポイント una faccia ひどい顔，顔色がすぐれないこと。　sembrare ～のように見える。
non chiudere occhio 一睡もできない。

□ 018 なにがあったの？

Cosa ti è successo?

A*: Hai qualche problema? Cosa ti è successo?
B: Niente. Ho litigato un po' con un collega.

A：どうかした？　なにがあったの？
B：なんでもない。ちょっと同僚とやりあっただけだよ。

ポイント litigare 口喧嘩する，言い合う。　collega 同僚，仕事仲間。

019 今ちょっと話せる？
Ora puoi parlare?

A*: Ho una cosa da dirti. Ora puoi parlare con me?
B: Sì, un attimo. Arrivo subito.

A： 話したいことがあるの。今ちょっと話せる？
B： ああ，いいよ。ちょっと待って。すぐ終わらせるから。

una cosa da ＋ *inf.* 〜すべきこと。

020 ちょっと時間を割いてもらえる？
Hai un po' di tempo da dedicarmi?

A*: Hai un po' di tempo da dedicarmi adesso?
B: È una cosa urgente?

A： 今ちょっと時間を割いてもらえる？
B： 緊急のことかい？

dedicare A a B AをBのために使う，AをBに捧げる。 **urgente** 緊急の，差し迫った。

021 今話をしても差し支えない？
Ti disturbo se ti parlo adesso?

A*: Ti disturbo se ti parlo adesso?
B: Proprio in questo momento? Mi dispiace, adesso non posso. Parliamone dopo.

A： 今話をしても大丈夫？
B： 今すぐかい？ 申し訳ないけどだめなんだ。後で話そう。

disturbare 邪魔をする，迷惑をかける。 **parliamone**：**parlare**（話す）の **noi** を主語とした命令形＋ **ne**（**di ciò** そのことについて。「話題」を表す）。

022 起きなさい！
Svegliati! / Alzati!

A*: Sono già le sette. Alzati!
B: Sì, mamma, mi sono già svegliato.

A： もう7時よ。起きなさい。
B： わかってるよ，ママ。もう起きてる。

svegliati：**svegliarsi**（目覚める）の **tu** に対する命令形。　**alzati**：**alzarsi**（起き上がる）の **tu** に対する命令形。

023 起きる時間だ

È ora di alzarti

A*: Silvio, è ora di alzarti.
B: Già? Che ore sono?

A： シルヴィオ，もう起きる時間よ。
B： もう？　今何時？

è ora di + ***inf.*** 〜する時間だ。

024 よく眠れた？
Hai dormito bene?

A: Ma hai dormito bene? Sei un po' pallida.
B*: No, ho dovuto lavorare fino a tardi.

A： ちゃんと眠れた？　ちょっと顔色が悪いよ。
B： ううん，遅くまで仕事しなくちゃならなかったから。

pallido 顔色が青い，蒼白の。

1-09. 初対面の挨拶

□ 025 初めまして
Piacere

A*: Mi chiamo Michela. Piacere.
B: Piacere, Michela. Sono Sandro.

A： ミケーラです。初めまして。
B： 初めまして，ミケーラ。サンドロです。

piacere ＊「喜び」を意味する名詞。「会えてうれしい」の意味で「初めまして」の挨拶として用いる。「こちらこそ初めまして」の意味で，**piacere mio** と言ってもよい。

□ 026 お会いできてうれしいです
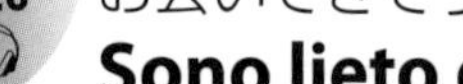

Sono lieto di conoscerLa

A*: Buongiorno, signor Conti. Sono lieta di conoscerLa.
B: Buongiorno, signora Rossi. Anch'io sono onorato di conoscerLa.

A： こんにちは，コンティさん。お会いできてうれしいです。
B： こんにちは，ロッシさん。私もお会いできて大変うれしいです。

lieto うれしい ＊形容詞なので，主語に合わせて語尾変化させる。 **conoscere** *qlcu.*〈人〉と知り合う。 **onorato** 光栄な，栄誉な ＊**lieto** と同じく形容詞なので，主語に合わせて語尾変化させる。

□ 027 お会いするのが楽しみです
Non vedo l'ora di conoscerLa

A*: Mio marito mi parla sempre di Lei. Non vedo l'ora di conoscerLa.
B: Anch'io aspetto con gioia il giorno in cui ci potremo vedere.

A： 夫からいつもお噂は伺っています。今からお会いできるのが楽しみです。
B： 私もお会いできる日を楽しみにしています。

non vedere l'ora di + *inf.* ～するのが待ち遠しい，～したくてたまらない。 **gioia** 喜び，楽しみ。

□ 028 私のことを覚えている？

Ti ricordi di me?

A*: Ti ricordi di me?
B: Sì, mi ricordo. Ci siamo incontrati alla villa dei signori Dossi l'estate scorsa.

A： 私のことを覚えていますか。
B： ああ，覚えているよ。去年の夏ドッシ夫妻の別荘で初めてお会いしましたね。

ポイント **ricordarsi di** ～のことを覚えている，記憶している。 **incontrarsi**《相互的再帰動詞》出会う，知り合う。 **villa** 別荘。

□ 029 私のことをご存じですか？

Mi conosce?

A: Ma mi conosce?
B*: Sì, certo. Lei è uno dei più famosi registi italiani qui in Giappone.

A： 私のことをご存じなのですか。
B： ええ，もちろんです。あなたは日本でも知られているもっとも著名なイタリア人監督のひとりですから。

ポイント **conoscere** 知っている。 **regista** 映画監督。

□ 030 見覚えがあるのですが

Mi pare di averti visto da qualche parte

A: Mi pare di averti visto da qualche parte, ma non mi ricordo esattamente.
B*: Mi ricordo che eravamo compagni di scuola superiore. Non mi riconosci?

A： どこかでお会いしたことがある気がするのですが，はっきりとは思い出せなくて。
B： 高校のときに同級生でしたよ。私が誰だかわかりませんか。

ポイント **parere di** ～する気がする，～のように思われる。 **da qualche parte** どこかで。 **esattamente** 正確に。 **compagno di scuola** 同級生。 **riconoscere** 見分ける，認める，～とわかる。

031 久しぶり

È da tanto tempo che non ci vediamo

A*: È da tanto tempo che non ci vediamo. Hai qualche novità?
B: Eh sì. Il mese scorso sono diventato papà. È nata mia figlia.

A： 久しぶり。なにか変わったことは？
B： ああそうだね。先月パパになったんだ。娘が生まれてね。

ポイント **da** ～以来ずっと ＊継続する時を表す。 **è ... che**《強調構文》～するのは…だ。

032 久しぶり！

È un secolo che non ci vediamo!

A: Ciao, è un secolo che non ci vediamo! Cosa fai adesso?
B*: La settimana scorsa finalmente ho trovato lavoro. Ho cominciato a lavorare in una casa editrice.

A： やあ，久しぶりだね。今なにしてるんだい？
B： 先週やっと仕事が見つかったのよ。出版社に勤め出したの。

ポイント **secolo** 世紀。 **finalmente** ようやく，ついに。 **casa editrice** 出版社。

033 ご無沙汰してます

Chiedo scusa per il mio lungo silenzio

A: Chiedo scusa per il mio lungo silenzio, ma ho avuto un periodo impegnativo e non ho avuto un momento libero neanche per telefonarti.
B*: Non sai quanto mi sei mancato!

A： ご無沙汰して悪かったね。でもこのところ忙しくて，きみに電話する暇もなかったんだ。
B： 私がどんなに寂しい思いをしたかわかってる？

ポイント **chiedere** 尋ねる。 **scusa** 許し。 **silenzio** 音沙汰がないこと。 **impegnativo** 忙しい，用事のつまった。 **mancare a** *qlcu.* 〈人〉にとって～がなくて寂しい ＊寂しいと感じている主体は間接目的語，欠けているもの・人を主語とする。

034 自己紹介します
Vorrei presentarmi

A*: Vorrei presentarmi. Sono Valentina. Mi sono trasferita da poco. Adoro tutto quello che riguarda il cinema.
B: Ah, Le interessa il cinema? Quale film ha visto recentemente?

A： 自己紹介します。ヴァレンティーナです。まだ越してきて間もないところです。映画のことならなんでも好きです。
B： 映画に興味があるんですね。最近ではどんな映画をご覧になりましたか。

presentarsi 自己紹介する。 **trasferirsi** 引っ越す。 **adorare** 大好きである。 **riguardare** ～に関連する，関わる。 **recentemente** 最近。

035 ～を紹介します

Ti presento ...

A*: Papà, ti presento Mauro, il mio fidanzato.
B: Piacere, Mauro. Accomodati.

A： パパ，ボーイフレンドのマウロを紹介するわ。
B： 初めまして，マウロ。こちらへどうぞ。

presentare A a B AをBに紹介する。 **fidanzato** ボーイフレンド，婚約者。 **accomodarsi** （部屋などに）入る，通る。

036 こちらが～です
Questo è ...

A*: Questi sono i miei genitori.
B: Buongiorno. Sono lieto di conoscervi. Laura è una ragazza in gamba.

A： こちらが私の両親です。
B： こんにちは。お会いできて光栄です。ラウラさんはすばらしいお嬢さんですね。

ポイント
in gamba 優秀な，有能な。

□ 037 元気？

Come stai?

A: Ciao, Anna. Come stai?
B*: In questa stagione soffro terribilmente d'allergia da pollini.

A：やあ，アンナ。元気？
B：この季節はひどい花粉症に悩まされるのよ。

ポイント **stagione** 季節。 **soffrire di** ～に苦しむ，悩む。 **allergia da pollini** 花粉症。

□ 038 調子はどう？

Come va?

A*: Come va il tuo lavoro?
B: In questi mesi va abbastanza bene.

A：仕事のほうはどう？
B：ここ数か月は順調に運んでるかな。

ポイント **andare**（物事が）進む，はかどる。

□ 039 お変わりありませんか？

C'è qualche novità?

A*: C'è qualche novità?
B: La settimana scorsa mio figlio è andato a vivere a Londra per lavoro.

A：お変わりありませんか。
B：先週，息子がロンドンに異動になりました。

ポイント **novità** 新しいこと，ニュース，知らせ。 **andare a vivere** 移住する，引っ越す。

□ 040 はい，どうぞ
Eccolo

A*: Ti ho portato il libro che mi hai chiesto. Eccolo.
B: Grazie mille. Te lo restituisco presto.

A： 頼まれていた本をもってきた。はい，これ。
B： ありがとう。早くに返すよ。

chiesto：**chiedere**（依頼する，頼む）の過去分詞。 **ecco** ＊物を見せたり，渡したりするときに使う。 **restituire A a B** AをBに返す，返却する。

□ 041 これは私からのプレゼントです
Ho un pensierino per te

A: Ho un pensierino per te.
B*: Grazie, ma non dovevi disturbarti.

A： これは私からのプレゼントです。
B： ありがとう，でもそこまでしてくれなくてよかったのに。

ポイント **pensierino** ＊心遣いを意味する **pensiero** の縮小形。ちょっとした心遣いの表れとしてのプレゼント。 **disturbarsi** わざわざ手を煩わせて〜する。

□ 042 これはあなたに
Questo è per te

A*: Questo è per te. Auguri per il tuo compleanno!
B: Grazie. È proprio quello che volevo!

A： はい，これはあなたに。お誕生日おめでとう。
B： ありがとう。まさしく欲しいと思ってたものだよ。

augurio ＊元々は佳きことの兆し，前兆を意味する。転じて主に複数形でお祝いの言葉として用いる。 **compleanno** 誕生日。

043 これは感謝の印です

Questo è un segno della mia gratitudine

A*: Mi hai aiutato veramente molto. Questo è un segno della mia gratitudine.
B: Per me? Ti ringrazio di cuore.

A：ほんとうによく手助けしてくれました。これは私からの感謝の印です。
B：ぼくに？　心から御礼を言うよ。

ポイント **segno** 証，印。 **gratitudine** 感謝の念，謝意。 **ringraziare** *qlcu.*〈人〉に礼を言う。 **di cuore** 心から。

044 返す必要はありません。とっておいてください。

Non c'è bisogno di restituirmelo. Tienilo tu.

A*: Ti restituisco il CD che mi hai prestato.
B: Non c'è bisogno di restituirmelo. Tienilo tu. Io ho quello originale.

A：貸してくれてたCD，返すね。
B：返す必要はないよ。とっておいて。オリジナル版があるからいいんだ。

ポイント **prestare A a B** AをBに貸す。 **bisogno** 必要性。**c'è bisogno di** + *inf.* ～する必要がある。 **tieni**：**tenere**（保持する）の **tu** に対する命令形。

045 気に入ってくれるといいけど

Spero che ti piaccia

A: Questo è per te. Spero che ti piaccia.
B*: Oh, grazie. Mi piace un sacco.

A：これはきみに。気に入ってくれるといいけど。
B：わあ，ありがとう。とても気に入ったわ。

ポイント **sperare** 望む，願う。 **piaccia**：**piacere**（気に入る）の接続法現在。 **un sacco** たいそう，とても。

□ 046 どうもありがとう
Grazie mille

A: Le serve aiuto ad alzare la valigia?
B*: Grazie mille. Lei è molto gentile.

A： スーツケースを上げるのお手伝いしましょうか。
B： ご親切にどうもありがとうございます。

ポイント **servire a** ***qlcu.*** 〈人〉に必要である，役に立つ。 **alzare** 持ち上げる。 **valigia** スーツケース。

□ 047 どうお礼を言ったらいいのか
Non so come ringraziarti

A*: Non so come ringraziarti per tutto quello che hai fatto per me.
B: Figurati. Al posto mio sicuramente avresti fatto la stessa cosa.

A： いろいろしてもらって，なんとお礼を言ったらいいのか…。
B： お安いご用さ。きっときみだって同じことをしたと思うよ。

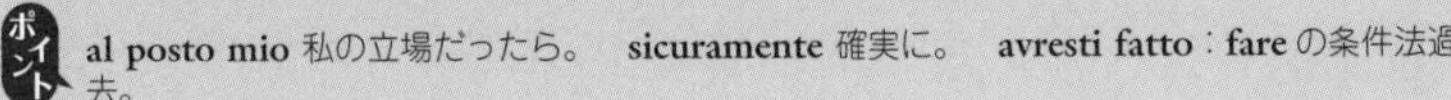

ポイント **al posto mio** 私の立場だったら。 **sicuramente** 確実に。 **avresti fatto**：**fare** の条件法過去。

□ 048 感謝の言葉もありません
Non ho parole per esprimere il mio ringraziamento

A: Non ho parole per esprimere il mio ringraziamento ai tuoi genitori. Mi hanno aiutato molto.
B*: Ah sì? Allora glielo riferirò sicuramente.

A： あなたのご両親には感謝の言葉もありません。大変お世話になりました。
B： そうなんですか。それではそのように私から伝えておきます。

ポイント **parola** 言葉。 **esprimere** 表現する。 **ringraziamento** 感謝の念。 **glielo** 彼らにそれを。 **riferire** 言及する，伝える。

□ 049 お心遣いに感謝します
Ti ringrazio per il tuo caro pensiero

A: Ti ringrazio per il tuo caro pensiero.
B*: Non c'è di che.

A： 温かいお心遣いに感謝します。
B： どういたしまして。

caro 温かい，心のこもった。

□ 050 以前から欲しかったものです
È proprio quello che desideravo da tanto tempo

A: Questo è il regalo per il vostro anniversario di matrimonio. Spero che vi sia utile.
B*: Grazie mille. È proprio quello che desideravamo da tanto tempo.

A： これは結婚記念日のお祝いに。役に立つといいんですが。
B： どうもありがとう。ずっと以前から欲しかったものです。

anniversario 記念日。 **matrimonio** 結婚。 **utile** 役に立つ。 **da tanto tempo** ずっと前から。

□ 051 お気遣いいただかなくてもよかったのに
Non dovevi disturbarti

A: Ti ho portato un souvenir da Parigi.
B*: Oh, grazie. Mi sembra molto prezioso. Non dovevi disturbarti.

A： パリからのお土産をもってきたよ。
B： わあ，ありがとう。とても高価そうね。こんなことしてくれなくてもよかったのに。

souvenir 土産。 **sembrare a *qlcu.*** 〈人〉にとって～に見える，思える。 **prezioso** 高価な。 **disturbarsi** わざわざ手を煩わせて～する。

□ 052 美味しくいただきました

Ho mangiato benissimo

A: Ho mangiato benissimo. Lei è veramente un'ottima cuoca.
B*: Grazie. Mi fa piacere.

A： 美味しくいただきました。ほんとうにお料理がお上手ですね。
B： どうもありがとう。こちらこそうれしく思います。

ポイント **ottimo** 最高の，最良の。 **cuoco** 料理をする人。 **mi fa piacere.** ＊直訳すると「それは私にとって喜びだ」。→ **p. 67**。

□ 053 夕食にお招きいただきありがとうございました

Vi ringrazio per avermi invitato a cena

A*: Vi ringrazio per avermi invitato a cena. La prossima volta vi invito io.
B: Con piacere. Non ho mai provato la cucina giapponese di casa.

A： 夕食にお招きいただきありがとうございました。今度は私があなたがたを招待しますね。
B： 喜んで。和食の手料理はまだ食べたことがないんです。

ポイント **ringraziare** ***qlcu.*** **per** 〈人〉に〜を感謝する。 **invitare** 招待する。 **volta** 回。 **di casa** 家庭の。

□ 054 次回は私が招待する番です

La prossima volta tocca a me

A: La prossima volta tocca a me. Vi invito a cena.
B*: Ma, no. Non ti preoccupare.

A： 次回はぼくの番だ。あなたたちを夕食に招待します。
B： いえいえ，そんなこと気にしないで。

ポイント **toccare a** ***qlcu.*** 〈人〉に振りかかる，番である。 **preoccuparsi** 心配する，気にする。

1-19. お世話になって

□ 055 手を貸してくれてどうもありがとう
Grazie per il tuo aiuto

A*: Grazie per il tuo aiuto. Da sola non ce l'avrei fatta.
B: Figurati.

A：手伝ってくれてどうもありがとう。ひとりではできなかったわ。
B：お安いご用だよ。

ポイント **da solo** ひとりで。 **farcela** うまくやってのける ＊条件法過去にすることで，「あなたが手伝ってくれたからできた」という現実とは逆の仮定「あなたがいなかったらできなかった」を表現できる。 **figurarsi** 想像する。 **figurati** どういたしまして。

□ 056 ご親切をありがたく思っています
Ti sono grato per la tua gentilezza

A: Ti sono grato per la tua gentilezza durante il mio soggiorno a Venezia.
B*: Di niente. Ho fatto solo quello che potevo fare.

A：ヴェネツィア滞在中は大変お世話になり，感謝しています。
B：どういたしまして。できることをしたまでのことです。

grato ありがたく思う，恩義に感じる。 **gentilezza** 親切。 **soggiorno** 滞在。

□ 057 心からのおもてなしをありがとうございました
Ti ringrazio per la generosa ospitalità

A*: Ti ringrazio per la generosa ospitalità. Grazie a te mi sono goduta molto la vacanza in Italia.
B: Non c'è di che. Spero che tu ritorni presto.

A：心からのおもてなしをありがとうございます。おかげでイタリアでのヴァカンスを思いっきり楽しめました。
B：どういたしまして。早くまた遊びにきてください。

generoso 寛大な，出し惜しみしない。 **ospitalità** もてなし。 **grazie a** ～のおかげで。
godersi ～を楽しむ，享受する。 **ritornare**（今いる場所に）また戻る。

□ **058** 貴重なお時間をどうもありがとうございました

La ringrazio per avermi dedicato il Suo tempo prezioso

A*: La ringrazio per avermi dedicato il Suo tempo prezioso.
B: Di niente. Se necessario vengo volentieri a fare ancora una conferenza.

A： 貴重なお時間をどうもありがとうございました。
B： どういたしまして。必要とあらばまた講演をしに喜んで伺います。

dedicare 捧げる。 **prezioso** 貴重な。 **volentieri** 喜んで，自発的に。 **conferenza** 講演会。

□ **059** 話せてよかった

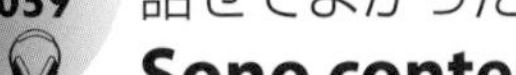

Sono contento di parlare con te

A*: Sono contenta di parlare con te. Maria mi parla spesso di te.
B: Anch'io sono contento di averti conosciuto.

A： あなたと話せてよかったわ。マリーアがしょっちゅう噂していたから。
B： こちらこそきみに会えてよかったよ。

contento di ～できてうれしい。 **parlare di** ～について話す。 **spesso** しょっちゅう。

□ **060** もう行くよ

Ora me ne vado

A: Chiedo scusa ma ora me ne vado. È tardi.
B*: Allora ci salutiamo. Arrivederci.

A： 申し訳ないけど，帰らないと。もう遅いし。
B： じゃあ，挨拶しましょう。さようなら。

andarsene その場を立ち去る。 **salutarsi**《相互的再帰動詞》挨拶を交わす ＊**ci salutiamo** の形で別れの挨拶としてよく用いる。

□ 061 またのちほどかけ直します

Ti richiamo più tardi

A*: Ora non ho tempo. Richiamami dopo.
B: Allora ti richiamo più tardi. Ciao, ciao.

A： 今は時間がないの。あとでまたかけて。
B： じゃあ，かけ直すよ。バイバイ。

ポイント **richiamare** ***qlcu.*** 〈人〉に電話をかけ直す。 **più tardi** 後で，のちほど。

□ 062 また電話します

Ci sentiamo ancora

A*: Ciao. Alla prossima settimana.
B: Sì, ci sentiamo ancora.

A： じゃあ，また来週。
B： ああ，また電話で話そう。

ポイント **sentirsi**《相互的再帰動詞》互いの声を聞く ＊**ci sentiamo** の形で「電話で話しましょう」の意味で用いる。

□ 063 （切らずに）そのままでお待ちください

Rimanga in linea

A: Vorrei parlare con il direttor Marchi.
B*: Glielo passo subito. Rimanga in linea.

A： マルキ部長をお願いします。
B： すぐに代わります。そのままでお待ちください。

ポイント **glielo** あなたに彼を。 **passare** 電話を代わる。 **rimanga**：**rimanere**（留まる）の **Lei** に対する命令形。 **linea** 電話線。

064 今は忙しい
Sono occupato

A: Ora posso parlare con te?
B*: Mi dispiace, ma in questo momento no. Sono occupata.

A： 今，話せますか。
B： 申し訳ないけど，今はだめです。忙しくて。

occupato 忙しい。

065 時間がない
Non ho tempo

A*: Puoi fermarti a cena?
B: Mi piacerebbe molto, ma oggi non ho tempo.

A： 夕食までうちにいられる？
B： そうしたいところだけど，今日は時間がないんだ。

ポイント **fermarsi** 留まる，居続ける。 **mi piacerebbe** できれば～したいと思ってるが ＊したいと思っていることを主語，感情の主体を間接目的語とする。

066 急いでいる
Ho fretta

A*: Scusi, può rispondere al questionario sul problema ambientale?
B: Mi dispiace, ma ho fretta. Sono già in ritardo.

A： すみません，環境問題についてのアンケートに応えていただけますか。
B： すみませんが，急いでますので。もう遅れ気味なんです。

rispondere a ～に応じる，返答する。 **questionario** アンケート。 **ambientale** 環境の。 **fretta** 急いでいること。 **in ritardo**（予定よりも）遅れて。

□ 067 

またあとで

A dopo

A: Vado a prendere le sigarette.
B*: A dopo. Ciao.

A： ちょっとタバコを買いに行ってくる。
B： またあとで。いってらっしゃい。

ポイント ＊a の後につぎに会う機会を置く。例）a lunedì 月曜日に。

□ 068 

またあとで

A più tardi

A: A più tardi. Ciao.
B*: Non fare troppo tardi.

A： またあとで。行ってくるよ。
B： あんまり遅くならないでね。

ポイント più tardi（同じ日の）より遅い時間に。 fare tardi 帰宅が遅くなる。

□ 069 

また明日

A domani

A: Buona notte. A domani.
B*: Ciao. Attento alle macchine.

A： おやすみなさい。また明日。
B： 車に気をつけてね。

ポイント attento a《形容詞》～に気をつける。

□ 070 気をつけて帰って

Buon viaggio

A*: Buon viaggio.
B: Grazie. Ti scrivo un'e-mail quando sarò tornato.

A： 気をつけて帰って。
B： ありがとう。家に着いたらメールするよ。

ポイント **viaggio** 旅，移動の過程。 **sarò tornato**：**tornare**（帰る）の未来完了。

□ 071 ご家族によろしくお伝えください

Porta i miei saluti ai tuoi

A*: Speriamo di rivederci presto. Porta i miei saluti ai tuoi.
B: Sì, certo, glielo dirò senz'altro.

A： またすぐに会える日が来るといいですね。ご家族によろしく。
B： はい，まちがいなく伝えます。

ポイント **rivederci**《相互的再帰動詞》再会する。 **porta**：**portare**（持ち運ぶ）の **tu** に対する命令形。

saluto 挨拶。 **i tuoi** あなたのお家の人たち。

□ 072 寂しくなる

Mi mancherai

A*: Mi mancherai sicuramente. Ma spero che tu abbia fortuna.
B: Grazie mille. Quando ritorno, ci vediamo.

A： まちがいなく寂しくなるけど，幸運を祈っているわ。
B： ありがとう。戻ってきたら会おう。

ポイント **mancare a** *qlcu.*〈人〉にとって～がいなくて寂しい。 **avere fortuna** 幸運に恵まれる。

□ 073 ほんとうに残念です
Mi dispiace veramente

A*: Mi dispiace veramente. Ma vivrà sempre nei nostri cuori.
B: Grazie. Meno male che non ha sofferto molto.

A：ほんとうに残念です。でも，私たちの心のなかに生き続けることでしょう。
B：ありがとうございます。それほど苦しまなかったのがせめてもの幸いでした。

ポイント **vivrà**：**vivere**（生きる）の未来形。 **cuore** 心。 **meno male che** ～でせめてよかった。 **soffrire** 苦しむ，辛い思いをする。

□ 074 悲しみをお察しします
Ci uniamo al vostro cordoglio

A: Ci uniamo al vostro cordoglio.
B*: Grazie per essere venuti oggi.

A：悲しみをお察しします。
B：本日はお越しくださり，ありがとうございます。

ポイント **unirsi a** ～と心をひとつにする。 **cordoglio** 哀悼，深い悲しみ。

□ 075 心からお悔やみ申し上げます
Sentite condoglianze

A*: La triste notizia mi ha veramente scosso. Sentite condoglianze.
B: Grazie.

A：哀しい知らせに衝撃を受けました。心からお悔やみ申し上げます。
B：どうもありがとうございます。

ポイント **condoglianza** 悲しみ［苦しみ］を共有すること。 **scosso**：**scuotere**（揺さぶる）の過去分詞。 **sentito** 心からの，誠実な。

Espressioni
comuni di uso quotidiano

II

質問する・答える

□ 076 ひとつお聞きしてもいいですか？
Posso chiedere una cosa?

A*: Scusi, posso chiedere una cosa?
B: Sì, mi dica.

A： すみません，ひとつお聞きしてもいいですか。
B： ええ，おっしゃってください。

chiedere 尋ねる，質問する。

□ 077 ひとつ質問してもいいですか？
Mi permette una domanda?

A*: Professore, mi permette una domanda?
B: Sì, certo.

A： 先生，ひとつ質問してもいいですか。
B： ええ，もちろんいいですよ。

permettere 許す，許可する。 **domanda** 質問，問い。 **certo** もちろん。

□ 078 聞きたいことがたくさんある
Ho tante cose da chiederti

A*: Ho tante cose da chiederti.
B: Ah sì? Puoi domandarmi quello che vuoi.

A： 聞きたいことがたくさんあるんだけど。
B： ああそうなんだ。なんでも聞いてくれてかまわないよ。

domandare a *qlcu.* 〈人〉に質問する。

□079 イエスかノーか？
Sì o no?

A*: Allora? Hai deciso di partecipare al corso di investimenti finanziari? Sì o no?

B: Eh, sono ancora indeciso. Ti do una risposta definitiva questo sabato.

A： それで，あなたは投資の講習会に参加することに決めた？　イエスかノーか返事してくれない？

B： えっとまだはっきりしていないんだ。今度の土曜日にはちゃんと返事するよ。

partecipare a ～に参加する。　**investimento** 投資。　**indeciso** 決断していない，迷っている。　**definitivo** 最終的な，決定的な。

□080 賛成か反対か？
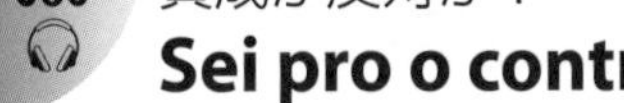

Sei pro o contro?

A*: Sei pro o contro l'aumento dell'imposta sui consumi?

B: Capisco che è necessario, ma penso che ci sia ancora molto da fare prima.

A： 消費税の増税に賛成ですか？　反対ですか？

B： 必要性は理解できるけれど，まだ先にやるべきことがたくさんあると思う。

essere pro ～に賛成する。　**essere contro** ～に反対する。　**aumento** 増加。　**imposta sui consumi** 消費税。　**da fare** すべきこと。

□081 私の言うことは正しいですか，間違ってますか？
Secondo te, ho ragione io o no?

A*: Avrebbe dovuto spiegare prima più chiaramente i rischi possibili. Secondo te, ho ragione io o no?

B: Sì, sono d'accordo con te.

A： 事前にリスクの可能性について，彼はもっとはっきりと説明しておくべきでした。あなたは私が正しいとは思いませんか。

B： ええ，私もあなたと同意見です。

avrebbe dovuto：**dovere**（～すべきである）の条件法過去 ＊過去において「～すべきだった」と実際には行わなかったことを表すために用いる。　**rischio** 危険。　**avere ragione** 言い分が正しい，理がある。　**essere d'accordo con** ***qlcu.*** 〈人〉と意見が一致する → **p. 81**。

2-03. 感想を尋ねる

□ 082 うまくいった？
È andato bene?

A*: È andata bene la Sua conferenza sulla situazione economica dell'Italia?
B: Sì, sono venute più persone di quanto avessi immaginato.

A：「イタリアの経済状況」についての講演会はうまくいきましたか。
B：はい，思ったよりもたくさんの人に来てもらいました。

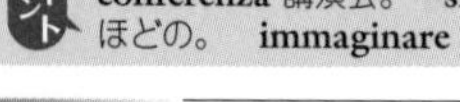
conferenza 講演会。　**situazione economica** 経済状況。　**quanto**（数や量を表して）どれほどの。　**immaginare** 想像する，想定する

□ 083 気に入った？
Ti è piaciuto?

A: Com'era il film che hai visto ieri? Ti è piaciuto?
B*: Sì, abbastanza, ma ci sono delle scene troppo violente.

A：昨日見た映画はどうだった？　気に入った？
B：ええ，かなり。でもあまりに暴力的なシーンもところどころあって。

piaciuto：**piacere**（気に入る）の過去分詞。　**abbastanza** かなり。　**scena** 場面，シーン。**violento** 暴力的な。

□ 084 ～についてどう思う？
Che ne pensi di ...? → p.44, 79

A*: Che ne pensi del nuovo iPhone?
B: Penso che sia molto utile. È molto leggero e anche veloce.

A：新しいiPhoneについてどう思う？
B：便利だと思うよ。とても軽いし，それに速いしね。

utile 役に立つ，便利な。　**leggero** 軽い。　**veloce** スピードが速い。

□ 085 お名前は？

Come si chiama?

A*: Scusi, Lei come si chiama?
B: Mi chiamo Bruno Romano.

A： すみませんが，お名前を伺ってもいいですか。
B： ブルーノ・ロマーノといいます。

ポイント **come** どんなふうに，どのように。 **chiamarsi** 名付けられている，名前が～である。

□ 086 お名前のスペルは？

Come si scrive il Suo nome?

A*: Non ho capito bene. Come si scrive il Suo nome?
B: B-R-U-N-O, Bruno, come il colore.

A： よくわかりませんでした。お名前のスペルを教えていただけますか。
B： B-R-U-N-O，ブルーノです。色の名前と同じです。

ポイント **scriversi** 書かれる。 **come** ～のように。 **colore** 色 ＊**bruno** は茶褐色を表す。

□ 087 名前はなんだった？

Qual è il nome di ...?

A: Mi sfugge il nome della nostra nuova insegnante. Qual è il suo nome?
B*: Si chiama Giovanna Conti.

A： 新しい担任の先生の名前をど忘れしちゃった。なんて言うんだっけ。
B： ジョヴァンナ・コンティ先生よ。

ポイント **quale** どれ，どちら ＊次に **è** が来るときには語尾の **e** を落とし **qual** となる。 **sfuggire a** *qlcu.* 〈人〉の記憶からこぼれ落ちる，度忘れされる。

2-05. 出身を尋ねる

088 出身はどちらですか？
Di dov'è?

A:　Lei è italiana, vero? Di dov'è?
B*:　Sono di Ferrara, ma ora abito a Milano.

A：　あなたはイタリア人ですよね。どちらのご出身ですか。
B：　フェッラーラ出身ですが，今はミラーノに住んでいます。

vero ほんとうの　＊確認の意味で，疑問文の末尾につける。　**essere di** ～の出身である。
abitare 住む。

089 どこから来ましたか？
Da dove viene?

A:　Lei è qui in vacanza? Da dove viene?
B*:　Sì, vengo da Tokyo.

A：　あなたは休暇中なんですよね。どちらからおいでですか。
B：　ええ，東京から来ました。

da ～から。　**venire** 来る。　**in vacanza** ヴァカンスの最中で。

090 国籍はどちらですか？
Qual è la Sua nazionalità?

A:　Qual è la Sua nazionalità?
B*:　Sono giapponese.

A：　国籍はどちらですか。
B：　日本人です。

quale どれ，どちら。　**nazionalità** 国籍。

□ 091 ご職業は？
Che lavoro fa?

A*: Che lavoro fa?
B: Non lavoro più. Sono pensionato.

A：お仕事は何をされていますか。
B：もう働いていません。年金をもらっています。

che どんな。 **lavoro** 仕事。 **non ... più** もう〜していない。 **pensionato** 年金生活者。

□ 092 何に携わってますか？
Di che cosa ti occupi?

A*: Di che cosa ti occupi praticamente?
B: Mi occupo di educazione ambientale.

A：実際にはどんなことに関わってますか。
B：環境教育に携わっています。

occuparsi di 〜に携わる，〜を担当する。 **praticamente** 実際に。 **ambientale** 環境の。

□ 093 何をして生きていますか？／お仕事はなんですか？

Cosa fai per vivere?

A*: Posso sapere cosa fai per vivere?
B: Sono scultore. Vivo in Toscana perché posso trovare abbastanza facilmente il marmo di buona qualità.

A：お仕事をお伺いしてもいいですか。
B：彫刻家です。トスカーナに住んでいるのは，良質の大理石がわりと楽に手に入るからです。

scultore 彫刻家。 **facilmente** 簡単に，たやすく。 **marmo** 大理石。 **qualità** 品質。

□ 094 学校はどちら？

Quale scuola frequenti?

A*: Quale scuola frequenti?
B: Frequentavo l'università di Milano, ma l'ho smessa l'anno scorso.

A： どこの学校に通っているの？
B： ミラーノ大学に通っていたけど，去年やめたんだ。

ポイント **frequentare** 通う。 **smettere** 途中でやめる。

□ 095 大学での専攻は何？

Cosa studi all'università?

A*: Cosa studi all'università?
B: Studio informatica.

A： 大学では何を専攻しているの？
B： 情報科学を学んでいるんだ。

ポイント **informatica** 情報科学 ＊大学院での専攻を尋ねる場合には，**Qual è la tua specializzazione?** と言う。

□ 096 出身大学はどこ？

In quale università ti sei laureato?

A: In quale università ti sei laureata?
B*: Mi sono laureata in lingue all'università di Venezia.

A： どこの大学を出たの？
B： ヴェネツィア大学の外国語学部を卒業しました。

ポイント **laurearsi in** ～学部を卒業する。 **lingua** 言語。

□ 097 歳はいくつ？
Quanti anni hai?

A*: Quanti anni hai?
B: Quanti anni mi dai?

A： 歳はいくつ？
B： 何歳だと思う？

avere 持っている ＊「人生として何年持っているか」という聞き方をする。 **dare** 与える。

□ 098 誕生日はいつ？
Quando è il tuo compleanno?

A*: Quando è il tuo compleanno?
B: Il mio è il 6 febbraio. E il tuo?

A： あなたの誕生日はいつ？
B： 2月6日です。きみは？

quando いつ。 **compleanno** 誕生日。 **il 6** ＊日付は **giorno** に合わせて男性形の定冠詞をつける。

□ 099 何座？

Di che segno sei?

A*: Di che segno sei?
B: Io sono dell'Ariete.

A： 何座生まれ？
B： 牡羊座だよ。

＊**segno zodiacale**（黄道十二宮）の略として，**segno** が用いられる。 **Ariete** 牡羊座〔**Toro** 牡牛座。**Gemelli** 双子座。**Cancro** 蟹座。**Leone** 獅子座。**Vergine** 乙女座。**Bilancia** 天秤座。**Scorpione** 蠍座。**Sagittario** 射手座。**Capricorno** 山羊座。**Acquario** 水瓶座。**Pesci** 魚座〕。

□ 100 趣味は何？

Qual è il tuo hobby?

A: Qual è il tuo hobby?
B*: Mi piace leggere i romanzi.

A： 趣味は何ですか。
B： 小説を読むのが好きです。

hobby 趣味。 **romanzo**（主に長編）小説。

□ 101 暇なときには何をしてる？

Cosa fai nel tempo libero?

A: Cosa fai nel tempo libero?
B*: Lavoro a maglia ascoltando la radio.

A： 暇なときには何をしていますか。
B： ラジオを聞きながら編み物をしています。

libero 空いている，暇な。 **lavorare a maglia** 編み物をする。

□ 102 どんなジャンルの音楽が好き？

Che genere di musica ti piace?

A: Che genere di musica ti piace?
B*: Di solito ascolto la musica pop, ma mi piace anche il jazz.

A： どんなジャンルの音楽が好きですか。
B： ふだんはポップスを聞くことが多いんですが，ジャズも好きです。

genere ジャンル。 **di solito** ふだんは，いつもは。

□ 103 将来は何をしたいと思っていますか？
Cosa ti piacerebbe fare in futuro?

A*: Cosa ti piacerebbe fare in futuro?
B: Vorrei diventare chef e lavorare in qualche albergo di lusso.

A： 将来は何をしたいと思っていますか。
B： シェフになって，どこか豪華ホテルの厨房で働きたいと思っています。

ポイント
＊ti piacerebbe の代わりに **vorresti** を用いてもよい。 **diventare** なる。 **albergo** ホテル。 **di lusso** 贅沢な，豪華な。

□ 104 将来の計画は？
Che progetti hai per il futuro?

A*: Che progetti hai per il futuro?
B: Desidero conoscere il più possibile il mondo, quindi ora sto studiando inglese.

A： 将来の計画は？
B： 世界のことをなるべくたくさん知りたいので，今英語を勉強しています。

ポイント
progetto 計画，予定。 **desiderare** 望む，欲する。 **il più possibile** できるだけたくさん。 **mondo** 世界。

□ 105 あなたの夢は何ですか？
Qual è il tuo sogno?

A*: Qual è il tuo sogno?
B: Vorrei fare l'interprete.

A： あなたの夢は何ですか。
B： 通訳になりたいです。

ポイント
sogno 夢。 **interprete** 通訳。

106 つき合っている人はいる？
Hai il ragazzo?

A: Hai il ragazzo?
B*: Sì, stiamo insieme da molto tempo.

A：つき合っている人はいる？
B：ええ，もう長いこといっしょにいるわ。

＊「彼女はいる？」と尋ねる場合には **la ragazza** に代える。 **stare insieme** いっしょにいる，つき合っている。

107 彼はどんな人？
Com'è il tuo ragazzo?

A: Com'è il tuo ragazzo?
B*: È un ragazzo normale. Non è molto alto, non è grasso. È un tipo sportivo.

A：きみの恋人はどんな人？
B：ふつうの人よ。背もそれほど高くないし，太ってもいないし。スポーツマンタイプね。

＊彼女について尋ねる場合には，**la tua ragazza** に代える。 **normale** ふつうの。 **alto** 背が高い。 **grasso** 太っている。

108 つき合ってくれないか？
Vuoi stare con me?

A: Vuoi stare con me?
B*: Me lo dici sul serio? Allora sì.

A：ぼくとつき合ってくれない？
B：本気で言ってるの？ それならいいわ。

stare con *qlcu.* 〈人〉とつき合う。 **me lo** 私にそれを。 **sul serio** 真面目に，真剣に。

□ 109 結婚されていますか？

Lei è sposato?

A*: Scusi, ma Lei è sposato?
B: No, sono ancora single.

A： すみませんが，あなたは結婚されていますか。
B： いいえ，まだ独身です。

sposato《形容詞》結婚している。 **single** 独身の。

□ 110 結婚してどのくらいになりますか？

Da quanto tempo sei sposato?

A: Da quanto tempo sei sposata?
B*: Da più di cinque anni.

A： 結婚してどのくらい？
B： 5年以上になるわ。

più di ～以上。

□ 111 お子さんはいますか？

Ha dei bambini?

A: Signora, ha dei bambini?
B*: Sì, ne ho tre: due maschi e una femmina.

A： お子さんはいますか。
B： ええ，3人。男の子が2人に女の子が1人。

ne 数を受けるときの代名詞。 **maschio** 男性。 **femmina** 女性。

□ 112 いくらですか？
Quanto viene?

A*: Vorrei sapere quanto viene questo formaggio.
B: Un etto costa 3,50 euro.

A： このチーズがいくらだか知りたいのですが。
B： 100 グラム 3 ユーロ 50 セントです。

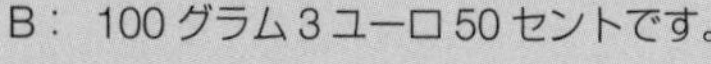

＊**venire** の代わりに **essere**, **costare** を使うこともできる。

□ 113 いくら借りていた？
Quanto ti devo rendere?

A*: Quanto ti devo rendere?
B: L'altro ieri ti ho prestato 30 euro.

A： いくら返せばよかった？
B： 一昨日 30 ユーロ貸したよ。

rendere 返す，返却する。 **l'altro ieri** 一昨日。 **prestare** 貸す。

□ 114 借りていたお金はもう返した？
Ti ho già restituito quello che mi avevi prestato?

A: Ti ho già restituito quello che mi avevi prestato?
B*: Sì, non ti ricordi che me l'avevi reso la settimana scorsa?

A： 借りていたお金はもう返したっけ。
B： ええ，先週返してくれたのを覚えていないの？

restituire 返す，返却する。 **ricordarsi** 覚えている，記憶している。 **reso**：**rendere**（返す）の過去分詞。

□ 115 イタリア語で何といいますか？
Come si dice in italiano?

A*: Come si dice <don't worry> in italiano?
B: <Non ti preoccupare.> È una frase molto utile.

A： イタリア語で「don't worry」は何というの？
B： <Non ti preoccupare（心配しないで）>だよ。とても便利なフレーズだね。

preoccuparsi 心配する。 **frase** 文。 **utile** 役に立つ，便利な。

116 どういう意味ですか？
Cosa vuol dire ...?

A*: Cosa vuol dire <caspita>?
B: È un'espressione che significa meraviglia.

A： <caspita>ってどういう意味？
B： 驚きを表すときの表現だよ。

＊**vuol dire** の代わりに **significa** を使うこともできる → **p.61**。 **espressione** 表現。 **significare** 意味する，表す。 **meraviglia** 驚愕，驚き。

117 どんな時にどんなふうに使いますか？
Quando e come si usa ...?

A*: Quando e come si usa <egli>?
B: Si usa per indicare lui ma soprattutto nella lingua scritta.

A： <egli>はどんな時にどんなふうに使いますか。
B： 彼を指すときに使うのだけど，特に書き言葉で使われます。

indicare 指し示す。 **soprattutto** とりわけ，特に。 **lingua scritta** 書き言葉。

2-15. 相手の理解を確認する

□ 118 わかりますか？
Mi capisci?

A: Mi capisci quando parlo in italiano?
B*: Sì, posso immaginare quello che dici se parli piano.

A：イタリア語で話してもわかりますか。
B：はい，ゆっくり話してもらえれば何を言っているか見当がつきます。

immaginare 想像する。 **piano** ゆっくりと。

□ 119 わかりますか？
Mi segui?

A: Mi segui?
B*: Ti sto seguendo con fatica. Puoi ripetere la stessa cosa?

A：わかりますか。
B：なんとかついていってます。もう一度同じことを繰り返してもらえますか。

seguire ***qlcu.*** 〈人〉の後をついていく，従う ＊この場合は「話の筋を追う」の意。
con fatica 苦労して，やっとのことで。 **ripetere** 繰り返す，反復する。

□ 120 ちゃんと伝わりましたか？
Mi sono spiegato bene?

A: Mi sono spiegato bene?
B*: Sì, hai usato solo parole facili e semplici. Ho capito bene.

A：ちゃんと伝わったかな。
B：ええ，簡単でシンプルな言葉ばかりだったので，ちゃんと理解できました。

spiegarsi 自分の言い分を説明する。 **usare** 使う。 **semplice** シンプルな。

□ 121 どこへ行くの？
Dove vai?

A*: Dove vai?
B: Sto andando alla posta per spedire questo pacco in Giappone.

A： どこに行くの？
B： この小包を日本に出しに郵便局に行くところなんだ。

spedire 送る。 **pacco** 小包。

□ 122 今どこ？
Dove ti trovi?

A: Ciao, Michela, dove ti trovi adesso?
B*: Sono appena arrivata a Vienna. Sto andando in albergo.

A： やあ，ミケーラ，今どこにいるんだい？
B： ウィーンに着いたところなの。ホテルに向かっているのよ。

trovarsi 位置する，いる。

□ 123 どこにいたの？
Dove eri?

A*: Dove eri quando ti cercavo? Ti ho chiamato mille volte ieri sera!
B: Scusami, ho perso il mio cellulare.

A： あなたのこと探してたのに，どこにいたの？ 昨日の夜何度も電話したのよ。
B： ごめん，携帯を失くしてしまって。

cercare 探す。 **chiamare** ***qlcu.*** 〈人〉に電話する。 **mille volte** 何度も。 **perso**：**perdere**（失う）の過去分詞。 **cellulare** 携帯電話。

□ 124 ～についてどう思う？
Che ne dici di ...? → p.79

A*: Che ne dici dell'ultimo film di Nanni Moretti?
B: Io lo trovo molto interessante.

A： ナンニ・モレッティの最新映画についてどう思う？
B： とてもおもしろいと思う。

＊**ne** は後に置かれる **di** ＋ ***qlco.*** を受けている。**dire** の代わりに **pensare** を使うこともできる。

□ 125 彼［それ］をどう思う？
Come lo trovi?

A*: Conosci Luigi? Come lo trovi?
B: Sì, lo conosco. Sembra una persona tranquilla.

A： ルイージを知ってる？　どう思う？
B： ああ，知ってるよ。落ち着いた人のようだね。

trovare 見出す，思う，判断する。　**tranquillo** 大人しい，落ち着いた。

□ 126 あなたなら～をどう表する？
Come definiresti ...?

A: Come definiresti il rapporto con i tuoi genitori?
B*: Con mio padre non ci parliamo quasi mai, ma con la mamma è ottimo.

A： あなたと両親との関係をどう表現できますか。
B： 父とはほとんど話さないけど，母とはとてもうまくいってます。

definire 定義づける。　**rapporto** 関係。　**quasi** ほとんど。　**ottimo** 最良の。

127 なぜ？
Perché?

A*: Perché non sei venuto ieri?
B: Perché stavo male. Avevo anche la febbre alta.

A：なぜ昨日来なかったの？
B：具合が悪かったんだ。高熱も出てさ。

stare male 体調が悪い。 **febbre alta** 高熱。

128 どうして？
Come mai?

A*: Come mai non sei andato dal medico anche se avevi la febbre?
B: Credevo che mi sarebbe passata subito.

A：熱があったのにどうして病院に行かなかったの？
B：すぐに治ると思ったんだ。

anche se にもかかわらず。 **passare** 通過する，通りすぎる ＊ **sarebbe passata** この場合の条件法過去は過去未来を意味する。 **subito** すぐに。

129 どんな理由で？
Per quale motivo?

A: Per quale motivo non puoi fare più lo straordinario?
B*: Per risparmiare l'elettricità.

A：どんな理由で残業できなくなったんだい？
B：節電のためよ。

motivo 原因，理由。 **straordinario** 残業。 **risparmiare** 節約する。 **elettricità** 電力。

2-19. 何が可笑しいのか尋ねる

□ 130 なぜ笑うの？
Perché ridi?

A: Perché ridi?
B*: Perché hai un buco nelle calze.

A：なぜ笑ってるの？
B：どうしてってあなたの靴下に穴が開いているからよ。

ridere 笑う。 **buco** 穴。 **calze** 靴下，タイツ。

□ 131 何がおかしい？
Cosa ti fa ridere?

A*: Cosa ti fa ridere così?
B: Guarda questa foto! Qui Luca ha una faccia buffissima.

A：何がそんなにおかしいの？
B：この写真を見てごらんよ。ルカの表情が面白いだろう。

fare（使役）～させる。 **faccia** 顔，顔の表情。 **buffo** おどけた，ひょうきんな。

□ 132 その笑みは何を意味している？
Cosa vuol dire il tuo sorriso?

A*: Cosa vuol dire il tuo sorriso?
B: Niente. Stavo solo ripensando alla commedia che ho visto alla tv ieri.

A：その笑いは何を意味するの？
B：なんでもないよ。昨日テレビで見たコメディを思い出してただけだ。

sorriso 微笑。 **ripensare a** ～を思い返す，思い出す。 **commedia** 喜劇，コメディ。

□ 133 そう思う
Penso di sì

A: Credo che il suo tiro sia entrato in rete.
B*: Anch'io penso di sì.

A： 彼のシュートはゴール内に入ってたと思うんだが。
B： 私もそう思う。

pensare 思う，考える ＊否定の場合には **Penso di no.** とする。 **tiro** シュート。 **rete** ゴールネット。

□ 134 そう思う
Credo di sì

A*: Pensi che questa volta vada bene?
B: Credo di sì, anzi lo spero veramente.

A： 今回はうまく行くと思う？
B： そう思う。いや，心からうまく行ってほしいと願っている。

ポイント **credere** 信じる ＊否定の場合には **Credo di no.** とする。 **questa volta** 今度，今回。 **anzi** むしろ。

□ 135 ありうる
È possibile

A: Domani vieni alla festa da Giulia?
B*: Non sono sicura, ma è possibile.

A： 明日ジュリアの家のパーティーに来る？
B： まだ確実とは言えないけど，その可能性はあるわ。

ポイント **da** + *qlcu.*〈人〉のところで。 **sicuro** 確実な，確信のある。

☐ 136 私が間違っていなければ

Se non (mi) sbaglio

A: Si può leggere anche in giapponese qualche libro di Andrea Bajani?
B*: Se non (mi) sbaglio, non è ancora tradotto in giapponese.

A： アンドレア・バヤーニの本は日本語で読めるのかな。
B： 私の間違いでなければ，まだ日本語には翻訳されていないわ。

ポイント **sbagliar(si)** 間違える。 **tradotto**：**tradurre**（翻訳する）の過去分詞。

☐ 137 確信はないが，～

Non sono sicuro, ma ...

A*: Sai se Giorgio può utilizzare questa nuova applicazione?
B: Non sono sicuro, ma penso di sì.

A： ジョルジョがこの新しいアプリケーションを使えるか知ってる？
B： 確信はないけど，使えると思うよ。

ポイント **utilizzare** 活用する，利用する。 **applicazione** アプリケーション。

☐ 138 正確にはわからないが，～

Non lo so di preciso, ma ...

A*: Sai a che ora finisce il film?
B: Non lo so di preciso, ma finirà verso le undici.

A： 何時に映画が終わるか知ってる？
B： 正確にはわからないけど，11 時には終わるんじゃないかな。

ポイント **di preciso** 正確に，はっきりと。 **finirà**：**finire**（終わる）の未来形 ＊不確かさを表す。
verso 頃。

□ 139

知らない

Non lo so

A*: Sai per caso dov'è finito il mio passaporto?
B: Non lo so. L'avrai messo nella tasca del cappotto.

A： もしかして私のパスポートがどこにいったか知らない？
B： 知らないよ。コートのポケットにでも入れたんじゃないの？

per caso もしや，ひょっとして。 **avrai messo**：**mettere**（入れる）の未来完了。過去の推測の意味で用いる。 **tasca** ポケット。 **cappotto** コート。

□ 140

見当もつかない

Non ho idea

A*: Non ho idea di perché mio figlio non voglia più andare a scuola.
B: Avrà avuto qualche problema con i compagni di classe.

A： うちの息子がなぜ学校に行きたがらなくなったのか，その理由がまるでわかりません。
B： おそらく同級生となんらかのトラブルがあったんでしょう。

non ... più もはや～でない。 **voglia**：**volere** の接続法現在。 **problema** 問題，悩み。 **compagno di classe** 同級生。

□ 141

なにも知らない

Non ne so nulla

A: Sai perché il loro concerto è stato cancellato così improvvisamente?
B*: Non ne so nulla. Ma non mi interessa affatto.

A： なぜ彼らのコンサートがこんな急に中止されたのか知ってる？
B： さっぱりわからない。ちっとも興味ないし。

concerto コンサート，ライヴ。 **cancellare** キャンセルする。 **improvvisamente** 急に。 **non ... affatto** まったく～でない。

2-23. 記憶にない

□ 142 覚えていない
Non mi ricordo

A*: Dove hai trovato questo comodino?
B: Non mi ricordo più. L'ho preso tantissimi anni fa.

A： このナイトテーブルどこで見つけたの？
B： もう覚えていないな。何年も前に手に入れたものだから。

comodino ナイトテーブル。 **ricordarsi** 覚えている，記憶している。

□ 143 なにも思い浮かばない
Non mi viene in mente nulla

A: Quando penso a mio nonno, non mi viene in mente nulla. Eppure ho vissuto insieme ai nonni fino a cinque anni.
B*: È strano. Dovresti avere qualche ricordo.

A： 祖父のことを考えてもなにも思い出せないんだ。5歳まで祖父母といっしょに住んでいたのに。
B： 変ね。何かしら思い出があってもよさそうなものだけど。

mente 頭，脳。 **pensare a** ～について考える。 **eppure** それでも。 **insieme a** ～といっしょに。 **strano** おかしい，変な，奇妙な。 **ricordo** 記憶，思い出。

□ 144 度忘れしてしまった
Mi è sfuggito

A*: Qual è il titolo del film che abbiamo visto la settimana scorsa?
B: Non mi ricordo più. Mi è sfuggito completamente.

A： 先週いっしょに見た映画のタイトルなんだったっけ。
B： わからないな。完全に度忘れしてしまった。

sfuggire a ***qlcu.*** 〈人〉の記憶からこぼれ落ちる。 **titolo** タイトル。 **completamente** 完全に，すっかり。

□ 145 ノーコメント

Non ho niente da dire

A*: Ha qualche idea di chi stia dietro le quinte?
B: No, in questo momento non ho niente da dire.

A： 陰で暗躍している人物について何かおわかりですか。
B： いいえ，今言えることは何もありません。

da dire 言うべきこと。 **avere qualche idea di** ～について何らかの見当がついている。 **quinta** 舞台の袖。 **stare dietro le quinte** 黒幕として活躍する。

□ 146 今言えるのはそれだけです

È tutto quello che posso dirti

A*: Non ho voglia di fare niente. Non mi va neppure di uscire.
B: Dovresti riposarti di più. È tutto quello che posso dirti.

A： なんにもやる気がしないの。出かけるのも億劫。
B： もっと体を休めないと。それしか言ってあげられない。

voglia やる気，気持ち。 **va a** *qlcu.* **di** + *inf.* 〈人〉に～する気が訪れる。 **neppure** ～すら。 **riposarsi** 体を休める，休養する。

□ 147 すみませんが，お答えできません

Mi dispiace, ma non posso rispondere

A*: Perché non ti sei iscritto al corso di aggiornamento?
B: Mi dispiace, ma non posso rispondere.

A： どうしてあなたは研修に申し込みをしなかったんですか。
B： すみませんが，お答えできません。

iscriversi a ～に登録する，申し込む。 **corso di aggiornamento** 研修。 **rispondere** 答える，返答する。

□ 148 まだ決まっていない

Sono ancora incerto

A: Allora, quale borsa prendi? Questa bianca o quella nera?
B*: Sono ancora incerta. Fammici pensare ancora un po'.

A：で，どのバッグにするんだい？ こっちの白いの，それとも黒？
B：まだ決まらないの。もうちょっと考えさせて。

ポイント **incerto** 迷っている，ためらっている，未確定の。 **fare**（使役）〜させる。 **pensare a** 〜について考える。

□ 149 まだ迷っている

Sono ancora indeciso

A*: Quando torni in Italia definitivamente?
B: Sono ancora indeciso.

A：最終的にイタリアに帰国するのはいつ？
B：まだ決まっていないんだ。

ポイント **indeciso** 未定の。 **definitivamente** 最終的に，決定的に。

□ 150 最終決定ではありません

La decisione non è definitiva

A*: Quel palazzo vecchio sarà distrutto perché non è a norma antisismica?
B: No, la decisione non è definitiva. È ancora in discussione.

A：耐震規定に合っていないので，あの古い建物は取り壊されることになったんですか。
B：いいえ，まだ最終決定ではありません。討議中です。

ポイント **decisione** 決定。 **distrutto**：**distruggere**（破壊する）の過去分詞。 **norma** 規定。 **antisismico** 耐震の。 **in discussione** 議論中。

Espressioni
comuni di uso quotidiano

III

情報を伝える・反応する

□ 151 話がある
Ho una cosa da dirti

A*: Ho una cosa da dirti. Domenica i miei vengono a trovarci. Ti va bene pranzare insieme?
B: Sì, non c'è problema.

A： 話があるの。うちの両親が日曜日に遊びにくるんだけど，あなたもいっしょにお昼ごはん食べられる？
B： ああ，問題ないよ。

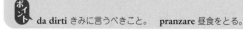

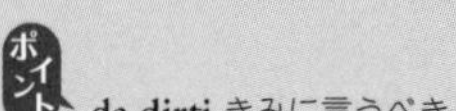
ポイント **da dirti** きみに言うべきこと。 **pranzare** 昼食をとる。

□ 152 大事な知らせがある
Ho una notizia importante

A*: Ho una notizia importante. Sai, l'insegnante di Luca aspetta un bambino e lascia la scuola in giugno.
B: Ma ritornerà dopo il parto, no?

A： 大事なニュースがあるの。ルカの先生がおめでたで，6月には学校を辞めてしまうんですって。
B： でも産後は戻ってくるんだろう？

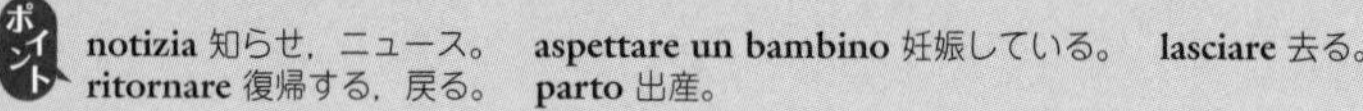
ポイント **notizia** 知らせ，ニュース。 **aspettare un bambino** 妊娠している。 **lasciare** 去る。
ritornare 復帰する，戻る。 **parto** 出産。

□ 153 いい知らせと悪い知らせがある
Ho una notizia buona e una cattiva

A: Ho una notizia buona e una cattiva. Quale vuoi sapere prima?
B*: Preferisco sentire quella cattiva.

A： いい知らせと悪い知らせがあるんだけど，どっちを先に聞きたい？
B： 先に悪いほうを聞くことにするわ。

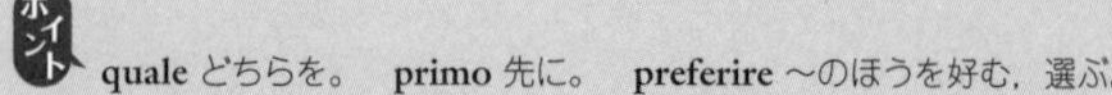
ポイント **quale** どちらを。 **primo** 先に。 **preferire** ～のほうを好む，選ぶ。

154 気を悪くしないで

Senza offesa

A*: Senza offesa, ma a me non piacciono le partite di calcio.
B: Davvero? Ma dovevi dirmelo prima, così non avrei preso i biglietti.

A： 気を悪くしないでくれる？　でも，私はサッカーの試合は好きじゃないの。
B： ほんとう？　なら先に言ってくれれば，チケット取らなかったのに。

offesa 傷つくこと。　**partita** 試合。　**dovevi** = **avresti dovuto**（～すべきだったのに）。

155 気を悪くしないでもらいたいんだけど，～

Spero che non ti dispiaccia, ma ...

A: Spero che non ti dispiaccia, ma gli altri si lamentano che sei sempre in ritardo.
B*: Ah, allora gli spiego io la situazione in cui mi trovo adesso.

A： 気を悪くしないでもらいたいんだが，ほかの人たちから，きみがいつも遅刻してくると苦情が寄せられているんだ。
B： では私のほうから今置かれている状況をみんなに説明しておきます。

dispiacere a *qlcu.* 〈人〉にとって不愉快である。　**lamentarsi** 不平不満を言う。　**essere in ritardo** 遅刻する。　**trovarsi in** ～に存在する，身を置く。

156 こんなこと言いたくないけど，～

Mi dispiace dirtelo, ma ...

A*: Mi dispiace dirtelo, ma non posso negare quello che provo.
B: Ma cosa stai dicendo? Quando ti ho offeso?

A： こんなふうに言いたくないけど，自分の気持ちを打ち消すことはできないの。
B： なんの話をしてるんだい。いつきみをそんなに傷つけた？

negare 否定する。　**provare**（感情を）抱く。　**offeso**：**offendere**（傷つける）の過去分詞。

3-03. 率直に言う

□ 157 ほんとうを言うと
A dire il vero

A*: A dire il vero, non sono italiana. Sono stata adottata da bambina.
B: Si capisce, perché hai la pelle più scura.

A： ほんとう言うと私はイタリア人ではないの。子どものときに養子にもらわれたの。
B： わかるよ。肌が少し浅黒いからね。

ポイント **vero** ほんとうのこと ＊代わりに **la verità** を使うこともできる。 **adottare** 養子にする。 **pelle** 肌，皮膚。 **scuro** 黒っぽい，褐色の。

□ 158 正直言って
Sinceramente

A*: Sinceramente mi sono sorpresa di quello che mi hai rivelato.
B: Scusami, non volevo sorprenderti.

A： 正直言って，あなたの打ち明け話にはびっくりしたわ。
B： ごめん，驚かせるつもりはなかったんだ。

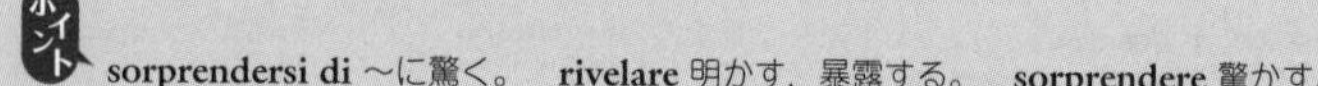
ポイント **sorprendersi di** ～に驚く。 **rivelare** 明かす，暴露する。 **sorprendere** 驚かす。

□ 159 打ち明け話をしてもいいだろうか？
Ti posso dire una cosa in confidenza?

A: Ti posso dire una cosa in confidenza?
B*: Sì, certo.

A： ひとつ打ち明け話をしてもいいかな。
B： ええ，もちろん。

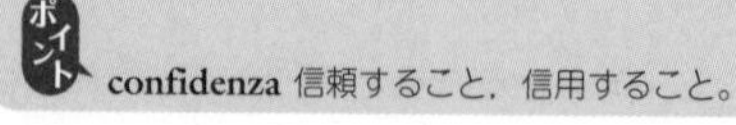
ポイント **confidenza** 信頼すること，信用すること。

□ 160 ここだけの話
Detto tra noi

A: Detto tra noi, mi pare che il sig. Rossi non si sia completamente ripreso dalla malattia.
B*: Tu dici? Ma quando l'ho visto in ufficio l'altro ieri, a me sembrava che stesse bene.

A：ここだけの話，ロッシ氏はまだ完全には快復していないようなんだ。
B：そう？　でも先日オフィスで見かけたけど，元気そうだったわよ。

ポイント **detto**：**dire**（言う）の過去分詞。　**tra noi** 私たちの間で。　**riprendersi da** ～から快復する。**stesse**：**stare** の接続法半過去。

□ 161 これは内緒だけど
Questo è un segreto

A: Questo è un segreto. Il presidente si licenzierà il prossimo mese.
B*: Davvero? Speriamo.

A：これは内緒だけど，来月社長が辞めるらしいよ。
B：ほんとう？　そうなるといいけど。

ポイント **segreto** 秘密。　**presidente** 社長。　**licenziarsi** 辞職する，退職する

□ 162 誰にも言わないで
Non dirlo a nessuno

A: I signori Bianchi stanno per divorziare. Non dirlo a nessuno.
B*: Non ci credo! Sì, sì, ti giuro, non lo dico a nessuno.

A：ビアンキ夫妻がもうじき離婚するらしいんだ。誰にも言ってはいけないよ。
B：信じられない。ええ，約束する。誰にも言わない。

stare per ～しかけている，もうすぐ～しそうだ。　**divorziare** 離婚する。　**crederci** そのことを信じる。　**giurare** 誓う。

Ⅲ 情報を伝える・反応する

□ 163 わかります

Capisco

A: Capisci anche quando parliamo in italiano?
B*: Sì, capisco quasi tutto.

A： ぼくらがイタリア語で話してもわかる？
B： ええ，ほぼわかります。

ポイント capire 理解する，わかる。

□ 164 わかりました

Ho capito

A: La colazione viene servita nella sala da pranzo dalle sette alle dieci.
B*: Ho capito. Dov'è la sala da pranzo?

A： 朝食はダイニングで 7 時から 10 時までとなっております。
B： わかりました。ダイニングはどこにありますか。

ポイント viene servita ＊venire ＋過去分詞で受け身を表す。 sala da pranzo ダイニングルーム。

□ 165 気持ちはわかる

Ti comprendo

A: Non mi piace quel tuo modo di comportarti ma ti comprendo.
B*: Grazie.

A： きみのあの態度には感心しないが，気持ちはわかるよ。
B： ありがとう。

ポイント comprendere 理解する，共感する。 comportarsi ふるまう，態度を示す。

□ 166

すみません，よく聞こえませんでした
Scusi, non ho sentito bene

A*: Scusi, non ho sentito bene.
B: Dicevo che qui non si può fotografare.

A： すみません，よく聞こえませんでした。
B： ここは撮影禁止ですと申し上げたんです。

fotografare 写真を撮る。

□ 167

もう一度説明を繰り返していただけますか？

Può ripetere la spiegazione?

A*: Professore, può ripetere la spiegazione?
B: Non avete capito? Allora ve la ripeto ancora. Ascoltate bene.

A： 先生，もう一度説明を繰り返していただけますか。
B： わかりませんでしたか。ではもう一度繰り返します。よく聞いてください。

ripetere 繰り返す，反復する。 spiegazione 説明。 ascoltare 耳を傾けて聞く。

□ 168

もう少しゆっくり話していただけますか？
Potrebbe parlare più piano?

A*: Potrebbe parlare più piano?
B: Sì, certo.

A： もう少しゆっくり話していただけますか。
B： はい，もちろんです。

potrebbe：potere の条件法 ＊丁寧さを表す。→p.129。 piano ゆっくりと ＊代わりに lentamente を使うこともできる。

169 何を言いたいのかわからない
Non capisco cosa vuoi dire

A: Non capisco cosa vuoi dire. Smetti di piangere, per piacere.
B*: Neanch'io capisco bene. Ho la testa confusa!

A： 何を言いたいのかわからないよ。頼むから泣くのはよしてくれ。
B： 私にもよくわからないの。頭がぐちゃぐちゃで。

smettere di + *inf.* ～するのをやめる。 **neanche** ～も～でない ＊動詞よりも前に置かれる場合 **non** を付ける必要はない。 **confuso** 混乱した。

170 話についていけない
Non riesco a seguire il tuo discorso

A: Aspetta. Non riesco a seguire il tuo discorso.
B*: Allora te lo ripeto da capo.

A： 待ってくれ。話についていけないよ。
B： それじゃあ，初めからもう一度言うわ。

riuscire a + *inf.* うまく～できる。 **seguire** ついていく，話の筋を追う。 **discorso** 話。 **da capo** 頭から，最初から。

171 まるでわからない
Non capisco un'acca

A: Non capisco un'acca di ciò che stai dicendo.
B*: Ma non sto dicendo delle cose complicate.

A： 何を言っているのかさっぱりわからない。
B： でも込み入ったことを話してるわけじゃないわ。

acca：h の文字。 **non capire un'acca di** ～についてまるでわからない。 **stai dicendo**：**dire** の現在進行形。 **complicato** 込み入った，複雑な。

□ 172 どういう意味？

Che significa?

A*: Che significa "XD"?
B: È una faccia che ride: la X sono gli occhi e la D è la bocca aperta.

A： XD ってどういう意味？
B： 笑ってる顔だよ。X が目で D が開いた口を表してるんだ。

significare 意味する。 **ridere** 笑う。

□ 173 どういう意味？

Cosa vuol dire?

A*: Cosa vuol dire "taggare" una foto?
B: Significa che si aggiunge il nome della persona presente nella foto.

A： 写真にタグを付けるってどういうこと？
B： 写真に写ってる人の名前を書き加えるってことさ。

taggare タグ付けする。 **aggiungere** 付け加える。 **presente** 存在する，いる。

□ 174 ～とはどういう意味？

Cosa vuoi dire con ...?

A*: Cosa vuoi dire con queste parole?
B: Solo che volevo giustificarmi per il ritardo.

A： こんな言い方をしてあなたは何を言おうとしているの？
B： 遅刻の言い訳をしたかっただけだよ。

ポイント **giustificarsi per** ～の弁明をする，言い訳をする。 **ritardo** 遅刻。

□ 175 つまり？
Cioè?

A: Mio padre ha fatto la dichiarazione di fallimento.
B*: Cioè? Ha perso tutti i suoi averi?

A：父が破産宣告をした。
B：つまり？　全財産を失ったってこと？

dichiarazione 宣告。 **fallimento** 破産。 **averi** 財産。

□ 176 というと？
Sarebbe?

A: Ho deciso di lasciare il lavoro e cominciare a vivere in modo autosufficiente.
B*: Sarebbe? Ti trasferisci in campagna?

A：仕事を辞めて自給自足の生活を実践することにした。
B：というと？　田舎に移り住むってこと？

lasciare 途中で放棄する。 **modo** やり方，手法。 **autosufficiente** 自給自足の。

□ 177 要するに
Insomma

A: Insomma non ti piacerebbe vivere in una città grande come Tokyo?
B*: No, preferisco vivere in campagna, in mezzo al verde.

A：要するにきみは東京みたいな大都会には住みたくないんだね。
B：そうなの。田舎の緑がたくさんあるところに住みたい。

come ～のような。 **campagna** 田園。 **in mezzo a** ～のただ中。

例えば？
Per esempio?

A*: La pasta corta va meglio con questa salsa.
B: Per esempio?
A*: Penne, fusilli, farfalle, orecchiette... qualsiasi pasta corta andrebbe bene.

A：このソースにはショートパスタのほうが合います。
B：例えば？
A：ペンネ，フジッリ，ファルファッレ，オレッキエッテ…どんなショートパスタでも大丈夫です。

esempio 例。 **corto** 短い。 **salsa** ソース。 **qualsiasi** どんな，いかなる。

詳細を教えてもらえる？
Potrei avere i dettagli?

A*: Potrei avere i dettagli del nostro viaggio in Liguria?
B: Sì, te li mando con l'e-mail stasera.

A：今度のリグーリア旅行について詳細を教えてもらえる？
B：いいよ，今夜メールで送るよ。

dettaglio 細部，細かいこと。 **viaggio** 旅行。 **mandare** 送る。

もっと具体的な説明をしていただけますか？
Mi può dare una spiegazione più concreta?

A*: Il Suo cuore ha dei battiti irregolari. Dovrebbe sottoporsi a degli esami specifici.
B: Mi può dare una spiegazione più concreta?

A：あなたの心臓には不整脈が見られます。精密検査を受けられたほうがいいでしょう。
B：もっと具体的な説明をしていただけますか。

concreto 具体的な。 **battito** 鼓動，脈打つこと。 **irregolare** 不定期な，不安定な。
sottoporsi a ～を受ける，甘受する。 **esame specifico** 精密検査。

□ 181
信じられない
È incredibile

A: Il telegiornale dice che un tumore al cervello a una ragazza è completamente sparito senza fare neanche l'operazione.
B*: Davvero? È incredibile.

A： ニュースで言ってたよ。ある女の子の脳にできた腫瘍が手術をしてもいないのに完全に消えてなくなったんだって。
B： それほんとう？　信じられない。

telegiornale ニュース番組。　**tumore** 腫瘍。　**cervello** 脳。　**sparire** 消え失せる，見えなくなる。　**completamente** 完璧に。　**operazione** 手術。

182

信じられない
Non ci credo

A*: La tua attrice preferita ha ammesso di essersi rifatta le labbra.
B: Non ci credo!

A： あなたの好きなあの女優さんは唇を整形したんですって。
B： 信じられない。

preferito 贔屓の。　**ammettere** 認める。　**rifarsi** 手直しする。

183

ありえない
È impossibile

A*: Sai, Andrea si è risposato con una ragazza vent'anni più giovane di lui!!
B: È impossibile! Ma se ha divorziato solo qualche settimana fa!

A： 知ってた？　アンドレアが 20 歳も年下の女性と再婚したって。
B： ありえないよ。数週間前に離婚したばっかじゃないか。

risposarsi 再婚する。　**divorziare** 離婚する。

□ 184 わぁ，びっくり！

Caspita!

A*: Caspita! Hai comprato una Ferrari?
B: Mio zio me l'ha ceduta perché voleva comprarsene una nuovissima.

A： わぁ，びっくり！ あなた，フェラーリ買ったの？
B： 出たばっかりのに買い換えたいからって叔父がくれたんだよ。

caspita わぁ，びっくり ＊驚き，焦り，ちょっとした後悔などを表す間投詞。 **Accidenti!** ／ **Perbacco!** なども同じ意味合いで使われる。 **cedere** 譲り渡す。

□ 185 うわぁ，なんてこと！

Mamma mia!

A: Quando c'è stato il terremoto ieri, ero in un ristorante al diciassettesimo piano.
B*: Mamma mia! Che paura!

A： 昨日地震があったとき，17 階のレストランにいたんだ。
B： うわぁ，なんてこと。怖すぎる。

Mamma mia わぁ，なんと ＊恐れ，不安といったマイナスの場合にも，大きな喜びといったプラスの場合にも用いられる。ほかには **Oh Dio!** ／ **Madonna!** ／ **Gesù Cristo!** などもよく用いられる。

□ 186 驚いた！

Che sorpresa!

A*: Che sorpresa! Sono bellissimi questi orecchini. Grazie mille.
B: Non c'è di che. Sono contento che ti piacciano.

A： 驚いた！ なんてすてきなイヤリングなの。ありがとう。
B： どういたしまして。こちらこそ気に入ってくれてよかった。

sorpresa 驚き，意外 ＊予期していなかった思いがけないプレゼントそのものを指すこともある。 **orecchini** イヤリング。 **non c'è di che** どういたしまして。

3-13. 本気か確認する

□ 187 本気？

Sul serio?

A: Ho intenzione di ottenere la qualifica di medico.
B*: Lo dici sul serio? Ci vorranno degli anni!

A： 医師の資格を取ろうと思う。
B： 本気で言ってるの？　何年もかかりそうじゃない！

serio 真面目な。 **avere intenzione di** + ***inf.*** ～するつもりだ。 **ottenere** 取得する。 **qualifica** 資格。 **volerci**（時間などを）必要とする，かかる。

□ 188 本気で言っている？

Dici proprio davvero?

A: Penso di tornare in Italia definitivamente.
B*: Dici proprio davvero?

A： イタリアに帰国しようと思って。
B： 本気で言ってるの？

definitivamente 最終的に，最終結論として。 **davvero** ほんとうに，本気で。

□ 189 冗談でしょ？

Stai scherzando?

A: Tieni il resto. Non mi serve.
B*: Ma stai scherzando? Non è una cifra trascurabile.

A： おつりはきみにあげるよ。ぼくは要らない。
B： 冗談でしょ。無視できるような額じゃないのに。

scherzare 冗談を言う，ふざける。 **servire a *qlcu.*** 〈人〉の役に立つ。 **resto** 残り，つり銭。 **cifra** 額。 **trascurabile** 無視できる，些細な，取るに足らない。

□ 190 それはよかった！
Sono contento di sentirlo!

A*: L'operazione di mio padre è andata bene.
B: Sono veramente contento di sentirlo!

A： 父の手術がうまく行ったの。
B： それはほんとうによかった。

essere contento di ～に満足する。 **operazione** 手術。

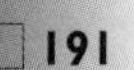

□ 191 私にとってもうれしい

Mi fa piacere

A: Mi fa molto piacere vedere che stai così bene.
B*: Sono tornata a casa dall'ospedale proprio ieri. Ci sono rimasta ben tre mesi.

A： きみの元気な姿が見られてぼくとしてもうれしいよ。
B： 昨日退院できたばかりなの。たっぷり 3 か月も入院してしまった。

Mi fa piacere. うれしい ＊直訳すると「それは私にとっても喜びだ」。

□ 192 それはほっとした

Meno male

A: Ho urtato contro una macchina, ma mi sono rotto solo il polso sinistro.
B*: Meno male. Poteva anche andarti peggio.

A： 自動車と衝突したけど，左手首の骨折だけですんだんだ。
B： それはよかった。もっとひどい事態になってもおかしくなかったのに。

meno より少ない。 **male** 悪い事態。＊**meno male** は最悪の事態が免れられたときに「よかった」の意味で用いられる。 **urtare contro** ～と衝突する。 **rompersi** 骨折する。 **polso** 手首。 **peggio**《**male** の比較級》より悪く。

□ **193** おめでとう！

Complimenti!

A*: Complimenti! Ti sei laureato con il massimo dei voti!
B: Grazie. Negli ultimi mesi non ho fatto che studiare.

A：おめでとう。最高点で卒業したなんて。
B：ありがとう。ここ数か月は勉学ばっかりしてたから。

complimenti（ふつう複数形で，努力が報われたことに対して）おめでとう，よくやった。 **laurearsi** 卒業する。 **voti** 点数，成績。 **non ... che** ～以外はしていない，～しかしていない。

□ **194** すばらしい！

Stupendo!

A: Quest'estate prendiamo in affitto una villetta in Sardegna. Che ne dici?
B*: Stupendo! Sembra un sogno!

A：この夏はサルデーニャに別荘でも借りようか。どう思う？
B：すてき。夢みたい。

prendere in affitto 賃借りする。 **villetta**：**villa**（別荘）の縮小形。 **stupendo** すばらしい，驚嘆に値する ＊同じような意味合いで，**Splendido!** ／ **Magnifico!** などもよく用いられる。

□ **195** よくやった！

Bravo!

A: Mamma, a scuola mi hanno premiato per il tema che ho scritto su di te.
B*: Bravo! Mi fa molto piacere.

A：お母さん，学校でお母さんのことを書いた作文が賞を取ったよ。
B：それはがんばったわね。お母さんもとてもうれしいわ。

premiare 賞を与える。 **tema** 作文。

□ 196 〜が似合う
Ti sta bene ...

A: Ti sta bene questo nuovo cappello!
B*: Grazie. L'ho preso a Firenze. Faceva caldissimo e non potevo farne a meno.

A：その新しい帽子，よく似合ってるよ。
B：ありがとう。フィレンツェで買ったの。とても暑くて帽子なしではいられなかったから。

ポイント stare bene a *qlcu.*（物を主語として）〈人〉に〜が似合う。 fare a meno di 〜なしで済ます。

□ 197 〜が似合う
Stai bene con ...

A: Stai proprio bene con i capelli corti.
B*: Grazie. Me li sono anche fatti stirare.

A：きみはショートカットがとてもよく似合うね。
B：ありがとう。ストレートパーマもかけてみたの。

ポイント stare bene con（人を主語として）〜が似合う。 corto 短い。 farsi 〜してもらう。 stirare アイロンをかける。

□ 198 〜がすてき！

Che bello ...!

A*: Che bella la tua borsa! Se fosse un po' più piccola, la userei anch'io.
B: Te la presterei volentieri.

A：あなたのバッグすてき。もうちょっと小ぶりだったら，私も使うのに。
B：喜んで貸すよ。

ポイント fosse：essere の接続法半過去。 userei, presterei：条件法。＊現実とは異なる仮定をするのに，se＋接続法半過去，条件法で表す。

□ 199 おもしろそう！

Sembra interessante!

A: Baricco ha scritto anche un libro immaginario inserito nel suo “Mr. Gwyn”.
B*: Sembra interessante!

A： バリッコが『ミスター・グイン』に登場させた架空の本も実際に書き下ろしたんだ。
B： おもしろそう！

immaginario 想像上の，架空の。 **inserito** 挿入された。

□ 200 おもしろくなってきた

Comincia ad essere divertente

A: Con questo gol gli azzurri pareggiano con la Francia.
B*: Così comincia ad essere divertente.

A： 今のゴールでイタリアがフランスに追いついたぞ。
B： おもしろくなってきたわね。

azzurri ＊青いユニフォームを着たイタリア代表選手を指す。 **pareggiare** 同点になる，引き分ける。

□ 201 妙だ！

Curioso!

A: Curioso! Non c’era proprio nessuno?!
B*: No. Di solito quel locale è sempre affollatissimo.

A： 妙だな。ほんとに誰もいなかったのかい？!
B： ええ，いつもあの店は人であふれ返ってるのに。

curioso 好奇心を誘う，いつもとは違っておかしい，変な。 **affollato** 人で混雑している。

□ 202 

がんばれ！

In bocca al lupo!

A: Domani vado a un colloquio di lavoro.
B*: Allora in bocca al lupo!
A: Crepi!

A： 明日，就職の面接を受けに行ってくる。
B： それじゃあ，がんばって！
A： がんばるよ。

in bocca al lupo ＊直訳すると「狼の口の中に飛び込め」。試験など大きなことに向かう人に対してかける決まり文句。これに対しては「狼なんか死んでしまえ」の意味で **Crepi!** と答える。
colloquio 面接試験。　**crepare** 死ぬ。

 203 

がんばれ！

Forza!

A: Forza! Non mollare!
B*: La tua squadra preferita sta per perdere anche stasera?

A： がんばれ！　あきらめるな！
B： あなたのひいきのチームは今夜も負けそうなの？

forza 力，気力　＊体力を必要とすることに関して「がんばれ」の意味で用いられる。
mollare 途中で投げ出す，あきらめる。　**stare per** ＋ ***inf.*** ～しかけている。　**perdere** 負ける。

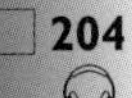 204 

がんばれ！

Coraggio!

A: Dai, coraggio! Non è il caso di intimidirti. Sarà il primo passo importante per te.
B*: Eh sì. Proprio come dici tu.

A： さあ，勇気を出して。気後れしてる場合じゃない。大事な一歩になるかもしれないし。
B： ほんとにそう。あなたの言うとおり。

coraggio 勇気，度胸 ＊精神力を必要とすることに関して「がんばれ」の意味で用いられる。
intimidirsi 臆病になる，怖がる。

205 最善を尽くせばいい

È sufficiente che tu faccia del tuo meglio

A: È sufficiente che tu faccia del tuo meglio. Il risultato segue.
B*: Grazie mille.

A：最善を尽くせばそれでいい。結果は後からついてくる。
B：どうもありがとう。

sufficiente じゅうぶんな。 **fare del *proprio* meglio** ベストを尽くす。

206 幸運を祈る

Ti auguro buona fortuna

A: Ti auguro buona fortuna all'esame.
B*: Grazie, ma in questo caso la fortuna non mi serve tanto...

A：試験での幸運を祈ってるよ。
B：ありがとう。でもこの場合，幸運はあんまり役に立たないけど…。

augurare 祈る，祈願する。 **fortuna** 運。 **caso** 場合。

207 きみならできる

Sono certo che ci riuscirai

A*: Sono costretta a finire questo lavoro entro questo mese, non ce la farò mai!
B: Dai, non dire così. Sono certo che ci riuscirai.

A：今月中にこの仕事を終わらせなくちゃいけないんだけど，できそうもない。
B：そんな言い方するもんじゃない。きみならできるさ。

ポイント **certo** 確実な，確信のある。 **riuscire a** + *inf.* うまく～できる。 **essere costretto a** + *inf.* ～せざるを得ない，～することを強制される。 **entro** 以内に。 **farcela** うまくやる，成功する。

□ 208 ひどい！

Orribile!

A: A causa della scossa di ieri i capannoni sono crollati e i terremotati hanno perso di nuovo dove vivere.
B*: Orribile! Se continua così, saranno disperati.

A：昨日の地震のせいで仮設が倒れて，被災者たちはまた住むところを失ってしまった。
B：ひどい。こんな状況が続けば絶望してもおかしくないわ。

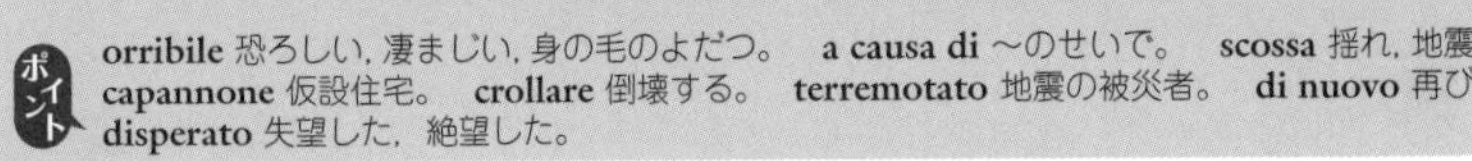

ポイント **orribile** 恐ろしい，凄まじい，身の毛のよだつ。 **a causa di** ～のせいで。 **scossa** 揺れ，地震。 **capannone** 仮設住宅。 **crollare** 倒壊する。 **terremotato** 地震の被災者。 **di nuovo** 再び。 **disperato** 失望した，絶望した。

□ 209 怖い！

Che paura!

A: Mentre andavo in bici, una macchina mi ha sorpassato a una velocità spaventosa. È mancato poco che mi trascinasse.
B*: Che paura!

A：自転車に乗ってたら，１台の車が猛スピードで追い越して行ったんだ。すんでのところで引きずられるところだったよ。
B：怖い。

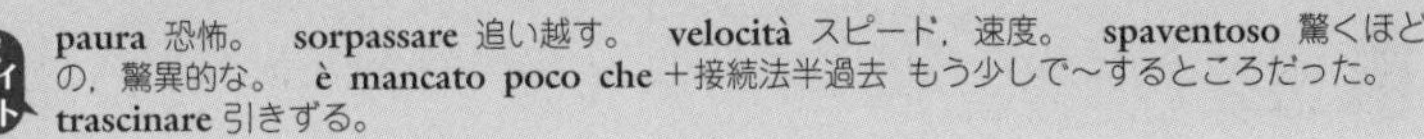

ポイント **paura** 恐怖。 **sorpassare** 追い越す。 **velocità** スピード，速度。 **spaventoso** 驚くほどの，驚異的な。 **è mancato poco che**＋接続法半過去 もう少しで～するところだった。 **trascinare** 引きずる。

□ 210 気持ち悪い！

Che schifo!

A: In Sardegna si mangia il formaggio con i vermi.
B*: Che schifo!

A：サルデーニャでは虫の湧いたチーズを食べるんだよ。
B：気持ち悪い。

ポイント **schifo** 嫌悪感，嘔吐感，吐き気。 **verme** ウジ虫。

3-21. 不審

□ **211** 

おかしい

È strano

A*: Il commento che ho scritto stamattina su Facebook è sparito. Non si vede più.
B: È strano. Neanche da me si vede.

A：今朝フェイスブックに書き込んだコメントが消えてしまった。見えなくなってる。
B：おかしいね。ぼくからも見えないよ。

 **strano** 変な，奇妙な，ふつうではない。 **sparire** 消えて見えなくなる。 **neanche** ～も～でない ＊動詞の前に置かれるときには **non** を伴わない。

□ **212** 

どうもしっくりこない

C'è qualcosa che non va

A*: C'è qualcosa che non va. Mio marito sembra strano. Se gli chiedo che ha, non mi risponde.
B: È solo che lavora troppo ed è sfinito.

A：どうもおかしい。うちの夫，変なの。どうしたのか聞いても返事もしないし。
B：単に働き詰めで疲れてるだけの話さ。

 **andare**（物事が）進む，はかどる。 **rispondere** 返事をする。 **sfinito** 消耗しきった，疲労困憊した。

□ **213** 

怪しい

Mi puzza un po'

A*: Mi sono arrivate delle e-mail dal mio stesso indirizzo. È strano.
B: Sì, mi puzza un po'. Sarà un virus.

A：私と同じアドレスから私のところにメールが届くんだけど，変よね。
B：そうだね。ちょっと怪しいな。たぶんウイルスだよ。

 **indirizzo** アドレス。 **puzzare** 匂う ＊「不審な臭いがする」の意でも用いる。 **virus** ウイルス。

□ 214 ばかじゃない！
Sei pazzo!

A: Pazienza. Allora andiamo a casa a piedi.
B*: Ma sei pazzo! È impossibile. Dista più di 20 chilometri ed è già tardi.

A：仕方ない。それじゃあ，歩いて帰ろうか。
B：ばかじゃない！　無理よ。20 キロ以上も離れてるんだし，もう時間だって遅いし。

ポイント **pazzo** 気の狂った ＊同じ意味で **matto** も使われる。 **a piedi** 歩いて，徒歩で。 **distare** 離れている。

□ 215 ばかげてる！

È assurdo!

A: Alla fine hanno deciso di chiudere la scuola. Ma il mese scorso hanno mandato il depliant per i nuovi corsi.
B*: È assurdo.

A：ついに閉校することにしたようだけど，先月新しい講座の案内を送ってきたばかりだ。
B：ばかみたい。

assurdo 不合理な，理屈に合わない ＊同じ意味で **stupido**，**sciocco** も使われる。 **alla fine** 最後には，ついに。 **depliant** パンフレット。

□ 216 ばかなこと言わないで！

Non dire sciocchezze!

A: Mamma, posso vedere la partita che comincia alle tre di notte?
B*: Non dire sciocchezze! Domani devi andare a scuola!

A：お母さん，夜中の 3 時から始まる試合見てもいい？
B：ばかなこと言わないの。明日学校あるでしょ。

ポイント **sciocchezza** ばかげたこと，くだらないこと ＊同じ意味で **stupidaggine** も使われる。

3-23. 忠告を無視されて

□ 217 だから言ったのに
Te l'avevo detto

A: Avrei dovuto prepararmi di più per l'esame.
B*: Te l'avevo detto mille volte.

A：もっとちゃんと試験勉強しておけばよかった。
B：だから何度も言ったでしょ。

avrei dovuto ＊条件法過去にすることで「～すべきだった」という後悔を表せる。
mille volte 何度も，幾度も。

□ 218 忠告したのに

Ti avevo avvisato

A*: Ti avevo avvisato di fare la prenotazione presto.
B: Sì, lo so, ma non credevo che fosse così difficile prendere un posto alla Scala.

A：早く予約したほうがいいって忠告しておいたのに。
B：ああ，そうなんだけど，スカラ座の席を取るのがこんなに大変だとは思ってなかったから。

avvisare ***qlcu.*** **di** ＋ ***inf.*** 〈人〉に～するよう忠告する。　**prenotazione** 予約。
prendere un posto 席を取る。

□ 219 当然の報いだ
Te lo meriti

A: Mi hanno fatto pagare la multa per divieto di sosta.
B*: Te lo meriti. Lasci sempre la moto dappertutto.

A：駐車禁止で罰金を払わせられた。
B：当然の報いね。どこでも構わずにいつもバイクを止めるんだから。

meritarsi ～にふさわしい，値する。　**multa** 罰金。　**divieto di sosta** 駐車禁止。
dappertutto 至る所に。

Espressioni
comuni di uso quotidiano

Ⅳ

意思を伝える

□ 220 確信がある
Sono sicuro

A*: Sai se Silvio sa usare bene l'Excel?
B: Sì, ne sono sicuro. Potresti affidargli qualsiasi tipo di documenti.

A： シルヴィオがエクセルをちゃんと使えるかどうか知ってる？
B： ああ，確かだよ。どんな書類を任せても大丈夫だ。

sicuro 確かな，確実な ＊同じ意味で certo も使われる。 affidare 任せる。 qualsiasi どんな，いかなる。 documento 書類。

□ 221 確信がある

Sono persuaso

A*: Sono persuasa che l'educazione debba essere un diritto garantito a tutti i ragazzi del mondo.
B: Anch'io penso proprio di sì.

A： 教育は世界中のすべての子どもに保証されるべき権利だと確信してるわ。
B： ぼくもそのとおりだと思うよ。

persuaso：persuadere（説得する）の過去分詞。 educazione 教育。 diritto 権利。 garantire 保証する。

□ 222 確信がある

Sono convinto

A: Sono convinto che la verità verrà a galla prima o poi, perciò ho deciso di non dire nulla.
B*: Sì, puoi stare zitto.

A： 真実はいずれ表に現れるだろうから，なにも言わないことにしたよ。
B： そうね，黙ったままでいいかも。

convincersi 確信する，納得する。 venire a galla 浮上する。 prima o poi 早晩。 stare zitto 黙ったままでいる。

□ 223 ～するのはどうか？

Che ne dici di ...? → p. 44

A: Che ne dici di andare a vedere un film stasera?
B*: È una buona idea. È da tanto che non ci andiamo insieme.

A： 今夜いっしょに映画見に行くのはどうかな。
B： いいわね。いっしょに行くの久しぶりだし。

ポイント **ne** それについて ＊後に置かれる **di** ＋ ***inf.*** を先取りしている。 **è da tanto che**《強調構文》～するのは久しぶりだ。

□ 224 ～したほうがいい

Sarebbe meglio

A: Prima di prendere la decisione sarebbe meglio chiedere una seconda opinione ad un altro medico.
B*: D'accordo. Cercherò delle informazioni su Internet.

A： 決断する前にほかの医者にセカンドオピニオンを聞いたほうがいいよ。
B： そうね。ネットで情報を調べてみる。

ポイント **prendere la decisione** 決断する。 **seconda opinione** セカンドオピニオン。

□ 225 ～すべきだ

Dovresti ...

A: Stanotte non ho dormito bene. Ho un mal di testa terribile.
B*: Dovresti andare subito dal medico.

A： 昨夜はちっともよく眠れなかった。ひどい頭痛がして。
B： すぐに医者に行かなくちゃ。

mal di testa 頭痛。 **dovresti** ＊条件法を使うことで，自分の意見を押し付けがましくなく提案できる。**devi** だと命令と受けとられかねない。

□ 226 そう思わない？

Non pensi così?

A*: Non mi pare che servano così tanti distributori di sigarette. Non pensi così?
B: Sì, sono completamente d'accordo.

A：こんなにたくさんタバコの自販機が必要とは私には思えない。そう思わない？
B：うん，まったくそのとおりだ。

mi pare che ＋接続法 〜と思える。 **distributore** 販売機。 **completamente** 完璧に，まったく。

□ 227 それでいい？

Siamo intesi?

A*: Allora domani ci vediamo alle tre davanti alla biglietteria del museo. Siamo intesi?
B: Sì, va bene.

A：じゃあ，明日３時に美術館のチケット売り場の前ね。それでいい？
B：ああ，それでいいよ。

inteso ＊**intendere**（理解する，了解する）の過去分詞で「合意のうえの，了解された」の意。 **davanti a** 〜の前。 **biglietteria** チケット売り場。

□ 228 〜だったらいいと思わない？

Sarebbe bello se ...

A*: Sarebbe bello se tutta l'energia elettrica si ottenesse tramite le risorse naturali senza più contare sul nucleare.
B: Senz'altro. Proprio ideale.

A：原発に頼らないで，電気をすべて自然エネルギーから作り出せたらいいのにね。
B：ほんと，そうなったら理想的だね。

＊**sarebbe bello se** ＋接続法半過去で「〜だったらすばらしい，すてきだ」の意。 **energia elettrica** 電気。 **ottenersi** 獲得する。 **tramite** 〜を通して。 **risorsa** 資源。 **contare su** 〜を当てにする，頼りにする。 **nucleare** 原子力。

□ 229 賛成です

Sono d'accordo con te

A: Non è giusto usare le parole straniere anche quando esistono quelle italiane esattamente corrispondenti.
B*: Sono completamente d'accordo con te.

A：イタリア語にまるで同じ意味の語が存在する場合でも，外来語を使うのはおかしいよ。
B：私も全面的にその意見に賛成です。

ポイント **accordo** 意見などの一致，合意。 **corrispondente** 適合する，相当する。

□ 230 了解

Intesi

A: Dovrebbe prendere queste medicine almeno per una settimana.
B*: Intesi. La ringrazio, dottore.

A：この薬を少なくとも１週間は飲み続けてください。
B：わかりました。先生，ありがとうございます。

ポイント ＊**Intesi.** は **Siamo intesi.** の省略形。 **almeno** 少なくとも。

□ 231 あなたの言い分は正しい

Hai ragione

A: Neanche il sindaco avrebbe potuto dare l'ordine di tagliare i platani lungo il viale.
B*: Hai ragione. Va rispettato il verde e l'ambiente.

A：市長といえども並木のプラタナスを伐採する命令を下すことなどできなかったはずだ。
B：あなたの言うとおりよ。自然環境は尊重されるべきだわ。

ポイント **ragione** 道理の正しさ，合理性。 **sindaco** 市長。 **dare l'ordine** 命令を下す。 **tagliare** 伐採する。 **lungo** ～沿いの。 **viale** 並木道。 **rispettare** 尊重する。

Ⅳ 意思を伝える

□ 232 あなたと同意見です
Condivido la tua opinione

A: Non si dovrebbe usare il cellulare nei mezzi pubblici di trasporto.
B*: Condivido la tua opinione.

A： 公共交通機関の中では携帯電話を使うべきじゃないよ。
B： 私もあなたと同意見です。

condividere 共有する。 **opinione** 見解，意見。 **cellulare** 携帯電話。 **mezzi pubblici** 公共機関。 **trasporto** 交通。

□ 233 まさしくあなたの言うとおりです
Proprio come dici tu

A: La fine dell'ultimo film di Nanni Moretti è molto enigmatica.
B*: Sì, proprio come dici tu.

A： ナンニ・モレッティの新作映画の幕切れはとても謎めいていたね。
B： ほんとそう，あなたの言うとおり。

fine 終わり，結末。 **enigmatico** わかりにくい，難解な。

□ 234 私が言いたかったのはそれです
È esattamente quello che volevo dire

A: Insomma tu non sei d'accordo con la decisione del comitato esecutivo.
B*: È esattamente quello che volevo dire.

A： 要するにきみは執行部の決定に賛成できないということだね。
B： はい，私の言いたかったのはそういうことです。

esattamente 正確に。 **insomma** 要するに。 **comitato esecutivo** 執行部。

□ 235 いい考えだ

È una buona idea

A*: Che ne dici di festeggiare l'anniversario di matrimonio dei nostri genitori al ristorante dove hanno fatto la festa di nozze?
B: È una buona idea! Domani prenoto quel posto.

A： 両親の結婚記念日を，ふたりが結婚披露パーティーを行ったレストランでお祝いするっていうのはどう？
B： いいね。明日予約しておくよ。

ポイント che ne dici di → p.79。 festeggiare 祝う。 festa di nozze 結婚披露パーティー。

□ 236 ほんとうだ

È vero

A: Da diciassette anni la Germania non batte l'Italia.
B*: È vero. Allora anche stasera vinceranno gli azzurri?

A： ここ 17 年，ドイツはイタリアを打ち負かしたことがないんだ。
B： ほんとね。じゃあ，今夜もイタリアが勝つかしら。

ポイント battere 打倒する。 azzurri イタリア代表チーム。

□ 237 まさしくそのとおりだ

È proprio giusto

A: Chi è più ricco dovrebbe pagare più tasse. Non pensi così?
B*: È proprio giusto.

A： 裕福な人こそ税金を多く払うべきだ。そうは思わないかい？
B： まさしくそのとおりよ。

ポイント giusto 正しい，正当な。 ricco 裕福な。 tassa 税金。 Non pensi così? → p.80

238 ご自由に

Come ti pare

A: Che strada facciamo? Prendiamo l'autostrada?
B*: Come ti pare.

A：どの道にしようか。高速に乗る？
B：好きにして。

ポイント **parere a** ***qlcu.*** 〈人〉にとって～と思われる。 **autostrada** 自動車専用道路。

239 きみが決めていい

Puoi decidere tu

A*: Dove andiamo a cenare dopo il concerto?
B: Puoi decidere tu. Mi andrebbe bene qualsiasi cosa.

A：コンサートのあと，どこに食事に行く？
B：きみが決めていいよ。ぼくはなんでもいいから。

ポイント **decidere** 決定する，決意する。 **qualsiasi** どんな～でも。

240 勘に任せろ

Fidati del tuo intuito

A: Smettila di lasciarti influenzare dalle opinioni altrui e fidati del tuo intuito.
B*: Sì, ma a volte mi sembra più giusto quello che dicono gli altri.

A：他人の意見に惑わされるのはやめて，自分の直感を信じたらいい。
B：そうね。でもときに人の言うことのほうが正しいと思えてしまうのよ。

ポイント **fidarsi di** ～を信じる，信頼する。 **smetterla**（そのとき進行中のことを）やめる。
influenzare 影響を及ぼす。 **a volte** ときどき。

□ 241 賛成できない
Non sono d'accordo

A: È necessario far ripartire la centrale nucleare per fornire sufficiente energia elettrica quest'estate.
B*: Non sono affatto d'accordo. È troppo vecchia e rischiosa.

A：この夏じゅうぶんな電力を供給するには，原発の再稼働も必要だよ。
B：まるで賛成できない。老朽化していて，危険すぎる。

ripartire 再出発する。 **centrale nucleare** 原子力発電所。 **fornire** 供給する。

□ 242 私はそうは思わない

Io la penso diversamente

A: Dicono che la crisi economica sia causata dalle banche e dalla finanza internazionale, ma io la penso diversamente.
B*: Ah sì? Allora secondo te quali sono i motivi principali?

A：経済危機を引き起こしたのは銀行や国際金融状況のせいだという人が多いけど，ぼくはそうは思わない。
B：そうなの？　じゃあ，なにが主な原因だと思う？

diversamente 違うふうに。 **crisi** 危機。 **causare** 引き起こす。 **finanza internazionale** 国際金融。 **motivo principale** 主要因。

□ 243 問題外だ

È fuori discussione

A: Ma, non potrebbe rimanere ancora Del Piero nella Juventus?
B*: No, è fuori discussione, ma non sarà facile trovare qualcuno che lo sostituisca.

A：デル・ピエーロがユヴェントスに残留する訳にはいかないんだろうか。
B：それは問題外よ。でも代わりの務まる人を見つけるのはたしかに簡単なことじゃないわ。

discussione 議論。 **sostituire** 交代する。

4-09. 無理だ

□ **244** 物事は予測どおりには行かない

Le cose non vanno come previsto

A: Mi sono sacrificato questi sei mesi per prepararmi all'esame, ma mi hanno bocciato spietatamente.

B*: Le cose non vanno quasi mai come previsto. Riposati per ora e poi riprendi a studiare.

A：この半年間ずっと試験勉強してきたのに，情け容赦なく落とされてしまった。
B：物事は大概予測どおりに行かないものよ。とりあえずは休息して，それからまた勉強を再開すればいい。

previsto 予測，予期。 **sacrificarsi a** ～のために自己犠牲を捧げる。 **bocciare** 落第させる。 **spietatamente** 情け容赦なく。 **per ora** 今しばらく。 **riprendere a** + *inf.* ～するのを再開する。

□ **245** 無理言わないでください！

Non chiedere l'impossibile!

A: Domani posso invitare i clienti d'affari a cena?

B*: Così d'improvviso? No, caro, non chiedere l'impossibile.

A：明日，取引先のクライアントをディナーに招待してもいいかな。
B：こんな急に？　だめよ，無理言わないで。

impossibile 不可能な。 **invitare** 招待する。 **clienti d'affari** 取引先の客。 **d'improvviso** 急に，唐突に。

□ **246** 受け入れられない

Non posso accettare

A*: Penso che sia inevitabile l'aumento delle tasse per mantenere il sistema pensionistico.

B: Tu dici? Io non posso accettare la tua opinione.

A：年金制度を維持するには，増税は避けられないと思う。
B：そうかな？　ぼくはその意見は受け入れられない。

accettare 受け入れる。 **inevitabile** 不可避の。 **mantenere** 維持する。 **sistema pensionistico** 年金制度。

□ 247 

あなたの言い分は間違っている
Hai torto

A: Secondo me il problema è che tante donne non vogliono avere figli.

B*: No, hai torto. Il problema consiste nel fatto che mancano assolutamente gli asili.

A： 思うに多くの女性が子供を欲しがらないことが問題なんだ。
B： いいえ，あなたは間違ってる。問題は保育園が圧倒的に足りないことよ。

torto 道理に反していること，過ち。 **consistere in** ～に存在する，ある。 **fatto** 事実。 **assolutamente** 絶対的に。 **asilo** 保育園。

□ 248 

あなたは間違っている
Ha sbagliato

A*: Ti chiamo per dirti dove ci incontriamo domani.

B: No, signorina, forse ha sbagliato numero.

A： 明日の待ち合わせ場所を伝えようと思って電話したんだけど。
B： いいえ，どうも番号をお間違えのようです。

sbagliare 間違える，ミスする。 **incontrarsi**《相互的再帰動詞》会う。

□ 249 

～は間違いだった
È stato un errore

A: Mi hanno rubato la valigia mentre pagavo il biglietto.

B*: Mi dispiace molto. Ma è stato un errore lasciarla indietro. Avrebbe dovuto stare sempre attento.

A： 切符代を払っている間にスーツケースを盗まれてしまいました。
B： お気の毒です。でも，後ろに放っておくべきではありませんでした。いつも気をつけていないと。

ポイント
errore 過ち，ミス。 **rubare** 盗む。 **lasciare** 放置する。 **stare attento** 気をつける，注意する。

250 それは違う
Non è vero

A*: Ma quando possiamo andare in vacanza in Australia? Me l'avevi promesso l'anno scorso.
B: Non è vero. Non ti avevo detto una cosa del genere.

A：いったいいつオーストラリアにヴァカンスに行けるの？ 去年約束してくれたじゃない。
B：それは違うよ。そんなこと言わなかったよ。

promesso：**promettere**（約束する）の過去分詞。 **genere** ジャンル，種類。

251 それは話が違う
Questa è un'altra storia

A*: Stamattina avevi detto che saresti andato tu a prendere i bambini all'asilo, ma non ci sei andato. Quindi tocca a te preparare la cena.
B: Ma aspetta! Questa è un'altra storia.

A：今朝，保育園に子どもたちをあなたが迎えに言ってくれるって言ってたじゃない。なのに行かなかったんだから，今夜の夕食の仕度はあなたの番ね。
B：おい，待ってくれよ。それは話が違う。

ポイント
saresti andato 過去未来を表す条件法。 **toccare a *qlcu.*** 〈人〉が～する番だ。

252 そうは言っていない
Non sto dicendo questo

A: Tu dici che ho sbagliato a dire la verità?
B*: No, non sto dicendo questo. Volevo dire che avresti dovuto dirla in un modo diverso.

A：ほんとうのことを話したことが間違っていたっていうのかい？
B：いいえ，そうは言ってないわ。言うにしても別の言い方をすべきだったって言ってるのよ。

sto dicendo：**dire**（言う）の現在進行形。 **sbagliare a** ＋ ***inf.*** ～するのは間違いだ。
avresti dovuto ～すべきだった。 **diverso** 別の，異なる。

□ 253 ないよりまし

È meglio di niente

A*: Abbiamo solo un po' di formaggio. Oggi non abbiamo fatto la spesa.

B: Va be'. È meglio di niente. Beviamo il vino con il formaggio.

A： チーズしかないわ。今日は買い物しなかったから。

B： いいさ。ないよりましだ。チーズでワインを飲もう。

meglio《**buono** の比較級》よりよい。 **be'**：**bene** の語尾切断形。

□ 254 残念！

Peccato!

A: Hai mai giocato al SuperEnalotto?

B*: Sì, sabato scorso ho indovinato quattro numeri su sei.

A: Peccato!

A： スーパーエナロットやったことある？

B： ええ，この間の土曜には 6 つのうち 4 つの数字が当たったんだから。

A： 惜しかったね。

giocare a ～で遊ぶ。 **SuperEnalotto** スーパーエナロット ＊1-90 の中から 6 つの数を選択するナンバー式宝くじ。 **indovinare** 勘で当てる，的中させる。

□ 255 ほかにどうしようもない

Non c'è altra scelta → p.138

A*: A quest'ora non c'è più il vaporetto.

B: Pazienza! Camminiamo. Non c'è altra scelta.

A： この時間にはヴァポレットがないわ。

B： 仕方ない。歩こう。ほかにどうしようもない。

scelta 選択肢。 **vaporetto** ヴェネツィアの公共交通機関である船。 **pazienza** 忍耐力，辛抱。

4-13. 反論する

256 ほんとうに確か？
Sei proprio sicuro?

A: Dicono che domani ci sarà lo sciopero dei treni. È meglio cancellare il nostro viaggio.
B*: Ma sei proprio sicuro? Ci tenevo molto a questo viaggio.

A：明日は鉄道ストがあるそうだから，旅行はキャンセルしたほうがよさそうだ。
B：でも，ほんとうに確かなの？　今回の旅行はほんとに楽しみだったのに。

sicuro 確信のある。 **sciopero** ストライキ。 **cancellare** キャンセルする。 **tenere a** ～に思い入れがある，大事に思う。

257 ほんとうにそう思う？

Ci credi veramente?

A: Prima o poi un terremoto devastante colpirà anche Tokyo.
B*: Ci credi veramente?

A：そのうち大地震が東京にも襲いかかるだろう。
B：ほんとうにそう思う？

prima o poi 早晩，遅かれ早かれ。 **devastante** 破壊力のある。 **colpire** 襲う。

258 そうは言い切れない

Non puoi affermarlo

A: L'Italia arriva sicuramente alla finale.
B*: Non puoi affermarlo.

A：イタリアは必ず決勝戦に進むよ。
B：そうは言い切れないでしょ。

affermare 断言する，言い切る。 **sicuramente** 確実に。 **finale** 決勝戦。

□ 259 それはきみの誤解だ

Hai capito male

A*: Ieri al telefono mi hai detto che saresti venuto a prendermi alla stazione in macchina, no?

B: No, hai capito male. Ti ho detto di aspettare Mario che sarebbe venuto a prenderti.

A： 昨日電話で駅まで車で迎えに来てくれるって言ってたでしょ。
B： いや，誤解だよ。マリオが迎えに行くから待っててくれって言ったんだ。

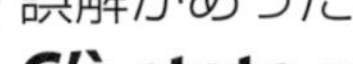

ポイント capire 理解する。 male 悪く，間違って。 saresti venuto, sarebbe venuto ＊過去未来を意味する条件法過去。

□ 260 誤解があった

C'è stato un malinteso

A: C'è stato un malinteso. Le ho detto solo che in questi giorni è difficile vederci perché ho un lavoro urgente...

B*: Ma lei ha inteso che tu non la vuoi più vedere.

A： 誤解だったんだ。急ぎの仕事を抱えているから，ここ数日は会えないって言っただけなんだよ。
B： でも彼女は，あなたがもう会いたくないって思っていると誤解してるわ。

ポイント malinteso 誤解。 urgente 緊急の，至急の。 inteso : intendere（推し量る）の過去分詞。

□ 261 〜する気はまるでなかった

Non avevo intenzione di ...

A*: Scusami, ma non avevo nessuna intenzione di prenderti in giro.

B: Ma allora perché appena sono entrato mi avete deriso tutti insieme?

A： ごめんなさい，でもあなたをからかうつもりはまるでなかったの。
B： じゃあ，なんでぼくが入って行ったら，一斉にきみたちは笑い出したんだ？

ポイント intenzione 意図，意志。 prendere in giro からかう，ふざける。 deriso : deridere（あざ笑う，笑いものにする）の過去分詞。

□ 262 もう結構！

Basta!

A*: Ti avevo detto mille volte che stasera vengono i miei. Nonostante ciò, hai fissato l'appuntamento per vedere la partita con gli amici?!
B: Basta! Allora non vado e resto a casa, così sei contenta?

A：今夜はうちの親が来るって何度も言ったのに。それなのに友だちと一緒に試合観戦する約束したですって ?!
B：わかったわかった。じゃあ，行かないで家にいるよ。それでいいんだろ？

ポイント **bastare** じゅうぶんだ ＊うんざりしている場合にも用いる。 **mille volte** 何度も。 **nonostante ciò** それにもかかわらず。 **fissare** 取り付ける。 **contento** 満足な。

□ 263 時間のむだだ

È sprecare il tempo

A: Smettiamola di parlare sempre dello stesso argomento senza conclusioni.
B*: La penso allo stesso modo. È sprecare il tempo.

A：なんの結論も出せずに同じ議題についていつまでも話し合うのはやめませんか。
B：私も同意見です。時間のむだです。

ポイント **smetterla** 今やっていることをやめる，中断する。 **argomento** 話題。 **conclusione** 結論。 **sprecare** むだにする，浪費する。

□ 264 これ以上話すことはない

Non ho più niente da dirti

A: Cara, ascoltami un attimo. Dammi almeno l'occasione di giustificarmi.
B*: No, basta così. Non ho più niente da dirti.

A：きみ，少しでいいから話を聞いてくれ。弁明するチャンスぐらいおくれよ。
B：いいえ，もう結構。これ以上あなたとは話すことはないから。

ポイント **attimo** 一瞬。 **occasione** 機会，チャンス。 **giustificarsi** 弁明する，言い訳する。

□ 265 本気だ

Sono serio

A*: Davvero pensi di fare un giro in Sicilia in moto?
B: Sì, sono serio. Ho già fatto un giro in Sardegna l'estate scorsa.

A： バイクでシチリアを一周するなんて本気で考えてるの？
B： ああ，本気だよ。去年の夏サルデーニャは一周したからね。

fare un giro 一周する。 moto バイク。 serio 真面目な，真剣な。

□ 266 ふざけていない

Non sto scherzando

A*: Ma sul serio vuoi cambiare lavoro?
B: Sì, lo dico sul serio. Non sto scherzando.

A： でも本気で転職を考えてるの？
B： ああ，まじめに言ってるんだよ。冗談じゃないんだ。

scherzare 冗談を言う，ふざける。 sul serio 本気で，まじめに。

□ 267 からかってなんかない

Non ti prendo in giro

A*: Mi stai prendendo in giro?
B: Ma no che non ti prendo in giro. Ti confesso il mio amore.

A： 私のことからかってるの？
B： いやいや，からかってなんかないよ。愛を告白しているんだ。

ポイント
prendere in giro からかう。 no che まさしく。 confessare 告白する。

Ⅳ 意思を伝える

□ 268 重要なのは～だ
L'importante è che ...

A*: Sono già passati più di sessantacinque anni dalla fine della guerra. La gente comincia a dimenticarla.
B: L'importante è che se ne parli continuamente.

A： 終戦から早 65 年以上が経ち，人々は戦争のことを忘れ始めてしまっている。
B： 大事なのは口にし続けることだね。

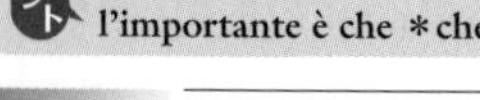

ポイント **l'importante è che** ＊che 節の中の動詞は接続法にする。 **continuamente** 継続的に。

□ 269 繰り返すと
Ti ripeto che ...

A: Ti ripeto ancora una volta che si tratta del benessere pubblico.
B*: Sì, lo so. Ci penso anch'io sul serio.

A： 今一度繰り返させてもらうと，これは公共福祉の問題なんだ。
B： ええ，わかってる。私だって真剣に考えてる。

ポイント **ripetere** 繰り返す。 **si tratta di** ～のことを扱っている，本質は～にある。 **benessere** 福祉。 **pensare a** ～に考えを向ける。

□ 270 ～を考慮しなければいけない
Bisogna tenere conto di ...

A: Bisogna tenere conto del suo consiglio.
B*: Sì, facciamo la prenotazione il più presto possibile.

A： 彼のアドヴァイスは無視できない。
B： ええ，なるべく早く予約しましょ。

ポイント **tenere conto di** ～を考慮に入れる。 **consiglio** 助言，アドヴァイス。 **il più presto possibile** できるだけ早く。

□ 271 言葉がない
Non ho parole

A: È un film veramente straordinario. Non ho parole per descriverlo.
B*: Ma ti è piaciuto? Vale la pena di vederlo?

A： ものすごく変わってる映画なんだ。なんて言ったらいいか言葉が見つからない。
B： でも気に入ったんでしょ。観に行く甲斐はある？

ポイント **straordinario** ふつうではない，一風変わった。 **descrivere** 描写する，説明する。 **vale la pena di** + *inf.* ～する価値がある。

□ 272 舌先まで出かかっているんだけど
Ce l'ho sulla punta della lingua

A*: Chi è l'autore di "Treno di panna"?
B: Non mi ricordo neanch'io. Ce l'ho sulla punta della lingua.

A： 『夢の終着駅』の作者って誰だった？
B： ぼくも思い出せない。舌先まで出かかってるんだけど。

ポイント **punta della lingua** 舌先。 **autore** 作者 ＊ちなみに正解は **Andrea De Carlo**（1952-）。

□ 273 どう表現したらいいのかわからない
Non so come esprimere

A*: Non so come esprimere la mia gratitudine per tutto quello che hai fatto per me.
B: Figurati.

A： すっかりお世話になってしまって，感謝の言葉もありません。
B： どういたしまして。

ポイント **gratitudine** 感謝，謝意。 **figurati** ＊**figurarsi**（想像する，思い描く，推察する）の **tu** に対する命令形で「どういたしまして」の意で用いられる。

□ 274 〜のようだ
Mi sembra che ...

A: Mi sembra che questa volta il Presidente abbia deciso di dimettersi.
B*: Ma bisogna vedere fino alla fine.

A： 今度ばかりは首相も辞職を覚悟したんじゃないかな。
B： でも最後まで見届けないと。

ポイント sembrare 〜のように思える ＊che 節の中は接続法を用いる。 presidente ＊正式名称は Presidente del Consiglio dei Ministri（内閣総理大臣）。 dimettersi 辞職する。

□ 275 〜のようだ
Mi pare che ...

A*: Che ne pensi del nuovo membro del consiglio direttivo?
B: Mi pare che sia una persona molto seria. Forse andranno d'accordo.

A： 新しい理事についてどう思う？
B： まじめな人のようだね。おそらくうまく行くんじゃないか。

consiglio direttivo 理事会。 sembrare = parere(〜のように思える)。 andare d'accordo 意見が一致する。

□ 276 〜という印象がある
Ho l'impressione che ...

A*: Ho l'impressione che oggi Anna sia un po' depressa.
B: Ah sì? A me non sembra. Sarà stanca morta.

A： 今日のアンナはちょっと元気ないんじゃない？
B： そうかな。ぼくはそう思わないよ。疲れてるだけじゃないか。

impressione 印象。 depresso 落ち込んだ，元気がない。

277 言い換えると
In altre parole

A: Che cos'è la schiacciata?
B*: È un piatto toscano, un dolce originario dell'Ottocento, in altre parole, è una specie di pane dolce.

A： スキアッチャータって何？
B： トスカーナの料理で 19 世紀に生まれたお菓子ね。言い換えれば，甘いパンってところかしら。

schiacciata スキアッチャータ ＊パン生地でつくるトスカーナのお菓子。 **originario** 起源の。 **una specie di** 一種の。

278 要するに

Insomma

A: Hanno deciso di far ripartire la centrale nucleare.
B*: Insomma, le cose stanno andando peggio.

A： 原発の再稼働が決まってしまったね。
B： 要するに事態は悪くなる一方ね。

centrale nucleare 原子力発電所。 **peggio**《**male** の比較級》より悪く。

279 つまり

Cioè

A: Sta facendo qualche SNS cioè servizi di social network?
B*: Sì, ho cominciato a usare Facebook l'anno scorso.

A： SNS つまりソーシャル・ネットワーキング・サービスのことですが，何かやっていますか。
B： はい，昨年フェイスブックを始めました。

servizio サービス。 **usare** 利用する。

□ 280 私があなたの立場なら

Al posto tuo

A*: Al posto tuo, le telefonerei subito per chiederle scusa.
B: Ma se non mi rispondesse?

A： 私があなたの立場なら，すぐに電話して彼女に許しを乞うけど。
B： でも，電話に出てもくれなかったら？

posto 立場，地位。 **chiedere scusa** 許しを乞う。 **rispondere a** ～に返事する。＊仮定の話をする場合には動詞は条件法（この場合は **telefonerei**）を用いる。

□ 281 私があなただったら

Se fossi in te

A*: Cosa dovrei fare?
B: Se fossi in te, ci penserei con calma e poi prenderei una decisione.

A： どうしたらいいと思う？
B： ぼくがきみなら，落ち着いて考えてから決断すると思うよ。

fosse：**essere** の接続法半過去 ＊現在の事実と異なる仮定をする場合には，この時制を用いる。**dovrei**：**dovere** の条件法 ＊相手の個人的見解・主観を聞く場合に用いる。 **con calma** 落ち着いて，じっくりと。

□ 282 あなたと同じ状況に置かれたら

Se mi trovassi nella tua situazione

A*: Cosa faresti tu al posto mio?
B: Se mi trovassi nella tua situazione, andrei a chiedere consigli a qualche avvocato.

A： あなたが私だったらどうする？
B： きみと同じ状況に置かれたら，弁護士のところに行ってアドヴァイスしてもらうな。

trovarsi いる，存在する。 **consiglio** 助言，忠告。 **avvocato** 弁護士。

□ 283 ところで

A proposito

A*: A proposito, i tuoi stanno bene? Dicevi che tua madre è stata ricoverata in ospedale...
B: Sì, sì, ma la settimana scorsa è ritornata a casa, grazie.

A：ところでご両親はお元気？　お母さんが入院なさったって言ってたでしょう？
B：ああ，そうだね。先週おかげさまで家に帰ってきたよ。

ポイント **proposito** 主題，話題。　**ricoverare** 収容する，保護する。

□ 284 実は

In effetti

A*: Luigi mi sembrava molto pallido.
B: In effetti mi diceva che soffriva di mal d'auto.

A：ルイージの顔色がひどく悪かったみたい。
B：実は車酔いしてたって言ってたよ。

ポイント **effetto** 結果。　**pallido** 青白い，血の気のない。　**soffrire di** ～に苦しむ，つらい思いをする。**mal d'auto** 車酔い。

□ 285 実のところ

Infatti

A*: Raccontami un po' come è successo l'incidente.
B: Non so bene neanch'io, infatti l'ho visto da lontano dopo aver sentito un rumore.

A：事故がどうだったのか，話して聞かせて。
B：ぼくにもよくわからないんだ。実は音が聞こえてから，遠目に見ただけだから。

ポイント **infatti** 現に，その証拠に　＊相手の発言を受けそれに説明を加えたり，自分の前言を強調し，さらに膨らませたりする場合に用いる。

IV 意思を伝える

□ 286 

結局は／大体において
Tutto sommato

A: Abbiamo avuto anche brutte esperienze, ma tutto sommato è stata una bella vacanza.
B*: Quindi vi siete divertiti?

A： いやな経験もしたけど，つまるところいいヴァカンスだった。
B： つまりは楽しかったってことね。

sommato 合計して ＊「プラス・マイナスを換算した上で」の意。 **tutto sommato** 全体として。 **esperienza** 経験，体験。 **divertirsi** 楽しむ。

□ 287

それだけのことだ

Ecco tutto

A*: Cosa hai? Hai una voce strana.
B: Mi manchi... Ecco tutto. Non so più cosa posso dirti.

A： どうかしたの？　声が変よ。
B： きみがいないと寂しい…そういうことなんだ。それ以外に言いようがない。

ecco tutto それで全部だ ＊**Tutto qui.** とも言う。 **mancare a *qlcu.*** 〈人〉にとって～がなくて寂しい。

□ 288 

これで終わりだ
Punto e basta

A: Perché io non posso guardare i cartoni animati, anche se tu guardi per ore quella soap opera?
B*: Perché io sono la mamma. Comando io. Punto e basta.

A： どうしてぼくはアニメを見ちゃいけないの。ママは何時間もメロドラマを見てるのに。
B： そんなの私が母親だからよ。命令するのは私。それだけのこと。

punto ピリオド，終止符。 **cartone animato** アニメ。 **anche se** にもかかわらず。 **soap opera** メロドラマ。

Espressioni
comuni di uso quotidiano

V

誘う・申し出る

□ 289

さあ，始めましょう
Allora cominciamo

A*: Allora cominciamo. Siete pronti?
B: Sì.

A： それでは始めましょう。準備はいいですか。
B： はい。

cominciare 始める，開始する。 **pronto** 仕度のできた，準備のできた。

□ 290

休憩にしましょう
Facciamo una pausa

A*: Facciamo una pausa. Fra dieci minuti ricominciamo.
B: Scusi, dov'è il bagno?

A： 休憩にします。10 分後に再開します。
B： すみません，トイレはどこですか。

pausa 休憩，小休止。 **fra**（未来の時間を指して今から）～後に。 **ricominciare** 再開する。

□ 291

今日はここまで
Per oggi finiamo qui

A*: Ecco. Per oggi finiamo qui. Il resto lo facciamo la prossima volta.
B: Arrivederci.

A： はい，今日はここまでにします。残りは次回やりましょう。
B： さようなら。

per oggi 今日のところは。 **resto** 残り。 **la prossima volta** 次回。

□ 292 ～しない？
Ti va di ...?

A*: Ti va di andare a prendere un aperitivo?
B: Sì, volentieri.

A：アペリティフ飲みに行かない？
B：いいね，喜んで。

andare a *qlcu.* di + *inf.* 〈人〉が～する気になる。 **aperitivo** 食前酒。 **volentieri** 喜んで。

□ 293 ～しませんか？
Le andrebbe di ...?

A*: Direttore, Le andrebbe di pranzare con noi?
B: Grazie, ma ho un appuntamento per un pranzo d'affari all'una e mezzo.

A：部長，ランチをご一緒しませんか。
B：ありがとう。でも１時半にビジネスランチの約束があるんでね。

andrebbe ＊条件法を使うことで丁寧さや柔らかさが表現できる。 **pranzare** 昼食をとる。
pranzo d'affari ビジネスランチ。

□ 294 ～しよう？
Perché non ...?

A: Perché non facciamo i compiti insieme a casa mia?
B*: Meglio di no. Preferisco studiare da sola.

A：うちで一緒に宿題やろうよ。
B：やめておく。ひとりで勉強したいの。

fare i compiti 宿題をする。 **preferire** ～のほうがいい。 **da solo** ひとりで。

□ 295 ～は暇？

Sei libero ...?

A: Sei libera stasera? Perché non proviamo quel ristorante appena aperto vicino al nostro ufficio?
B*: Sono curiosa anch'io, ma stasera ho già un altro impegno.

A：今夜，暇？　オフィスの近くにできたばかりの例のレストランに行ってみようよ。
B：行ってみたいけど，今夜はほかに用事があるのよ。

libero 自由な，空いている。 **provare** 試してみる。 **curioso** 好奇心がある，興味がある。 **impegno** 用事，用件。

□ 296 ～は時間ある？

Hai tempo ...?

A*: Hai tempo domani? Andiamo insieme a prendere qualche regalo per il compleanno di Giovanni?
B: D'accordo. A che ora ci vediamo?

A：明日時間ある？　ジョヴァンニのバースデープレゼントを何か買いに行かない？
B：いいよ。何時に会おうか。

regalo プレゼント。 **compleanno** 誕生日。 **vedersi**《相互的再帰動詞》待ち合わせる，落ち合う。

□ 297 ～の予定は？

Che progetti hai per ...?

A: Che progetti hai per questo fine settimana? Ho due biglietti per la partita Milan-Juventus.
B*: Peccato! Sarei venuta volentieri ma ho organizzato una festa da noi.

A：今週末の予定は？　ミラン対ユヴェントスのチケットが２枚あるんだ。
B：残念！　行きたいけど，家でパーティーを開くことになってるの。

ポイント **progetto** 予定。 **biglietto** チケット。 **partita** 試合。 **peccato** 残念。 **sarei venuta** ＊条件法過去にすることで「行きたいけど行けない」の意味が出る。 **organizzare** 企画する。

298 おごるよ
Offro io

A: Stasera offro io.
B*: Ma perché? Hai qualche motivo per festeggiare?

A：今夜はおごるよ。
B：どうして？　何かいいことあった？

offrire 無償で提供する，おごる。　**motivo** 理由，原因。　**festeggiare** 祝う。

299 私が払います
Pago io

A*: Quanto ti do?
B: No, assolutamente no, ti ho invitato io perciò pago io.

A：いくら渡せばいい？
B：いやいや，招待したのはぼくだから，ぼくが出すよ。

pagare 支払う。　**assolutamente** 絶対に。　**invitare** 招待する。

300 お勘定は私が持ちます
Tocca a me pagare il conto

A: Mi porti il conto per piacere.
B*: No, oggi tocca a me pagare il conto. L'altro giorno hai offerto tu.

A：お勘定を持ってきてください。
B：だめ，今日は私が払う番よ。この間あなたがごちそうしてくれたじゃない。

toccare a ***qlcu.*** 〈人〉が～する番だ。　**conto** 勘定書き，会計。　**l'altro giorno** 先日。

□ 301 ～を手伝おうか？

Ti aiuto a ...?

A: Mamma, ti aiuto a lavare i piatti?
B*: Sì, grazie. Metti a posto quelli già lavati.

A：ママ，お皿洗うの手伝おうか。
B：ありがとう。洗い終わったのをしまってちょうだい。

ポイント **aiutare** *qlcu.* **a** + *inf.* 〈人〉が～するのを手伝う。 **mettere a posto** 元の状態に戻す。

□ 302 手伝おうか？

Ti serve aiuto?

A: Ti serve aiuto?
B*: No, grazie. Tanto sto per finire.

A：手伝おうか。
B：ううん，大丈夫。もう終わりかけてるから。

ポイント **servire a** *qlcu.* 〈人〉にとって～が役立つ，必要だ。 **tanto** どうせ。 **stare per** + *inf.* ～しかけている。

□ 303 手を貸しましょうか？

Le do una mano?

A: Le do una mano? Sembra pesante la Sua valigia.
B*: Sì, grazie. Molto gentile.

A：手貸しましょうか。スーツケース重そうですから。
B：ありがとうございます。とても助かります。

ポイント **dare una mano a** *qlcu.* 〈人〉に手を貸す。 **pesante** 重い。 **valigia** スーツケース。

□ 304 何をしてあげられる？
Cosa potrei fare per te?

A*: Ti aiuto. Cosa potrei fare per te?
B: Per adesso niente. Quando mi serve, te lo dico.

A： 手伝うわ。何をしたらいい？
B： 今のところは何も。必要になったら言うよ。

per adesso 今のところ。

□ 305 何か私にできることある？
C'è qualcosa che posso fare per te?

A: Cara, c'è qualcosa che posso fare per te?
B*: No, niente, anzi ti prego di farmi lavorare tranquilla. La scadenza è prossima.

A： きみ，ぼくに何かできることある？
B： ううん，何も。ていうかお願いだからゆっくり仕事をさせて。締め切りが迫ってるの。

ポイント **caro** 愛しい，大事な。 **anzi** むしろ，というより。 **pregare** *qlcu.* **di** + *inf.* 〈人〉に～するよう頼む。 **fare**（使役）させる。 **scadenza** 締め切り。

□ 306 どうしたらいい？
Come posso esserti utile?

A: Mi sembri stanchissima. Come posso esserti utile?
B*: Grazie, allora mi puoi preparare un caffè forte?

A： ものすごく疲れてるみたいだけど，どうしてあげればいいかな。
B： ありがとう。それじゃあ，濃い目のコーヒーを入れてくれる？

sembrare ～に見える，思える。 **utile** 役に立つ。 **forte** 強い。

307 任せてください

Ci penso io

A*: Chi compra una torta di compleanno per Anna?
B: Ci penso io. Conosco una buona pasticceria.

A：アンナのバースデーケーキ，誰か買ってきてくれる？
B：ぼくに任せて。おいしいケーキ屋さんを知ってるんだ。

pensare a ～について考える。 **torta di compleanno** バースデーケーキ。 **pasticceria** ケーキ屋。

308 私にやらせて

Lasciami fare

A*: Non riesco a estrarre questo chiodo. Mi sta facendo venire i nervi.
B: Lasciami fare. Dovrei farcela.

A：この釘がなかなか抜けなくてイライラする。
B：ぼくにやらせてごらん。きっとうまく行くから。

lasciare（使役）させる，やらせる。 **riuscire a** + *inf.* うまく～できる。 **estrarre** 抜く。 **chiodo** 釘。 **nervo** 神経。 **far venire i nervi a** *qlcu.*〈人〉をイライラさせる。 **farcela** うまくやる。

309 私がやります

Lo farò io

A*: Chi prenota il campeggio?
B: Lo farò io su Internet.

A：キャンプ場の予約は誰が入れてくれるの？
B：ネット上でやっておくよ。

prenotare 予約する。 **campeggio** キャンプ場。

310 喜んで
Volentieri

A*: Domenica vieni a cena da noi?
B: Volentieri. In effetti sono un po' stufo di mangiare fuori.

A： 日曜日うちに夕飯食べに来ない？
B： 喜んで。実は少し外食に飽きてたところなんだ。

volentieri 自発的に，進んで。 **in effetti** 実は → p.99。 **essere stufo di** ～にうんざりする。

311 喜んで
Con piacere

A: Stasera andiamo a vedere l'ultimo film di Paolo Sorrentino?
B*: Con piacere, ma qual è il titolo?

A： 今夜パオロ・ソッレンティーノの新作映画を見に行かないか。
B： 喜んで。でもなんていうタイトル？

piacere 喜び，歓喜。 **ultimo** 最新の。 **titolo** タイトル，題名。

312 ～できて光栄です
Sono onorato di ...

A*: La prego di assistere alla festa del 50° anniversario della fondazione della nostra azienda.
B: Sono onorato di essere invitato.

A： 弊社の創業 50 周年記念パーティーにぜひご来席ください。
B： お招きいただき光栄です。

onorato 名誉ある，光栄な。 **assistere a** ～に参列する。 **50°**：**cinquantesimo** と読む。
fondazione 創立。 **azienda** 企業，会社。

V 誘う・申し出る

5-09. 申し出を受け入れる

□ 313 ご親切に

Molto gentile

A: Signora, ha fatto la spesa, vedo. La porto io sopra?
B*: Sì, grazie. Molto gentile.

A： 買い物の帰りですか。私が上に運んであげましょう。
B： ええ，ありがとう。ご親切に。

fare la spesa 買い物をする。 gentile 親切な，優しい。

□ 314 とても助かります

Mi faresti un piacere

A*: Ti compro il giornale? Tanto devo uscire a fare la spesa.
B: Sì, grazie. Mi faresti un piacere.

A： 買い物に出なくちゃいけないから，ついでに新聞を買ってこようか。
B： ありがとう，助かるよ。

piacere 喜び。 tanto どうせ。 fare la spesa（日用品などの）買い物をする。

□ 315 感謝します

Vi sono grato

A*: Signore, veniamo a prenderLa domani mattina alle otto in albergo.
B: D'accordo. Vi sono molto grato.

A： 明朝８時にホテルにお迎えに上がります。
B： わかりました。お世話になります。

essere grato a *qlcu.*〈人〉に恩義を感じる，感謝している。

□316 ベストを尽くそう
Farò del mio meglio

A*: Domani giochi contro un giocatore più forte di te, vero?
B: Sì, ma farò del mio meglio perché non è che non ci sia nessuna speranza.

A：明日の対戦相手はあなたよりも強い人なんでしょう？
B：ああ，でもベストを尽くすよ。望みがまるでないわけじゃないからね。

meglio 最善。 **giocatore** 選手。 **non è che** ～というわけではない。 ＊ **che** 節の中では接続法を用いる。

□317 できるかぎりのことをやってみよう
Farò tutto il possibile

A*: Credo che lei dia retta a quello che dici tu. Prova a convincerla.
B: Va bene, farò tutto il possibile.

A：あなたの言うことになら，彼女も耳を傾けると思うわ。説得してみて。
B：わかった，できるかぎりのことはしてみる。

possibile 可能な。 **dare retta a** ～に耳を傾ける。 **provare a** ＋ *inf.* ～してみる。 **convincere** 説得する，納得させる。

□318 試してみよう
Lo proverò

A*: Su Internet ho trovato una nuova terapia per il mal di schiena. Sembra efficace.
B: Ah sì? Allora la proverò.

A：ネットで腰痛に効く新しい療法を見つけたの。よさそうよ。
B：へえ，そう？　じゃあ，試してみるよ。

terapia 治療法。 **mal di schiena** 腰痛。 **efficace** 効果のある。 **provare** 試す。

5-11. 構わない

319 問題ない
Non c'è problema

A: Posso pagare con la carta di credito?
B*: Certo, non c'è problema.

A：支払いはクレジットカードでも構いませんか。
B：もちろん，問題ありません。

problema 問題，支障。 **carta di credito** クレジットカード。

320 結構
Va bene

A: Mi dispiace, ma stasera non abbiamo una camera singola libera, abbiamo solo una camera doppia. Va bene lo stesso?
B*: Sì, va bene.

A：申し訳ありませんが，今夜はシングルの空きはございません。ツインならご用意できますが，それでも構いませんか。
B：ええ，結構です。

camera singola シングルルーム。 **camera doppia** ツインルーム。 **lo stesso** 同じように，それでも。

321 異議なし
Nessuna obiezione

A*: Sarebbe meglio visitare prima il museo nazionale. Lo chiudono presto.
B: Va bene. Nessuna obiezione.

A：先に国立博物館に行ったほうがいいみたい。閉まるの早いから。
B：いいよ，異議なし。

obiezione 異議，苦情。

□ 322 招待してくれてありがとう，でも～
Grazie per l'invito, ma ...

A: Domenica facciamo la festa per il compleanno di Paolo. Vieni anche tu?
B*: Grazie per l'invito, ma parto domani. Mi dispiace.

A： 日曜日にパオロのバースデーパーティーをするんだけど，きみも来ない？
B： お招きありがとう。でも明日発つのよ。残念だけど。

invito 招待。

□ 323 気遣いありがとう，でも～
Grazie per la premura, ma ...

A: Se non stai bene, puoi tornare anche subito a casa.
B*: Grazie per la premura, ma ho ancora da fare entro oggi.

A： 体調が悪ければ，すぐにでも帰宅して構わないよ。
B： 気遣いありがとう。でも今日中にやらなければならないことがあるので。

premura 配慮，思いやり。 **da fare** やるべきこと。 **entro** 以内に。

□ 324 ご親切はありがたいのですが，～
È molto gentile da parte Sua, ma ...

A: La accompagno io a casa in macchina.
B*: È molto gentile da parte Sua, ma non c'è bisogno. Non è ancora buio.

A： 車でお送りします。
B： ご親切にありがとうございます。でもその必要はありません。まだ暗くもありませんし。

ポイント **accompagnare** 一緒に行く。 **bisogno** 必要。 **buio** 暗い。

5-13. 申し出を断る

□ 325 いいえ，結構
No, grazie

A*: Vuoi ancora un po' di pasta?
B: No, grazie. Basta.

A： もう少しパスタいる？
B： いや，ありがとう。もうじゅうぶん。

ポイント **ancora** まだ。 **bastare** 十分である，足りている。

□ 326 おかまいなく
Non si disturbi

A: La accompagniamo in albergo in macchina.
B*: Grazie. Non si disturbi.

A： 車でホテルまでお送りいたします。
B： ありがとうございます。どうかおかまいなく。

ポイント **disturbarsi** わざわざ～する。 **accompagnare** 同行する，一緒に行く。

□ 327 心配いらない
Non darti pena per me

A: Puoi stare da sola con questa tempesta?
B*: Non darti pena per me. Ci sono abituata.

A： こんな嵐の日にひとりで大丈夫？
B： 私のことは心配いらない。慣れてるから。

pena 心配，気遣い。 **darsi pena per** ～に気を遣う。 **abituato a** ～に慣れている。

□ 328 また今度にでも
Sarà per la prossima volta

A: Stasera andiamo a cena?
B*: Stasera no, non posso. Devo andare a prendere mio figlio all'asilo. Sarà per la prossima volta.

A： 今夜いっしょにごはん食べに行こうよ。
B： 今夜はだめなの。保育園に息子を迎えに行かなくちゃ。また今度にでも。

volta 回。 **andare a prendere** 迎えに行く。 **asilo** 保育園。

□ 329 また今度にしよう
Facciamo la prossima volta

A: Domani vieni a pranzo da noi?
B*: Bello! Però domani non posso. Facciamo la prossima volta.

A： 明日うちにお昼食べに来ない？
B： すてき。でも明日はだめなの。また今度にしましょう。

pranzo 昼食。 **da noi** 家で。

□ 330 次の機会に

Alla prossima occasione

A: Oggi non abbiamo più tempo. Ne parliamo alla prossima occasione.
B*: D'accordo. Quando facciamo la riunione?

A： 今日は時間がありませんから，次の機会に話し合うことにしましょう。
B： 賛成です。会議はいつにしますか。

occasione 機会。 **riunione** 会議，会合。

□ 331 用事がある
Ho già un impegno

A: Domenica andiamo a vedere insieme la mostra su Leonardo da Vinci?
B*: Anche a me interessa, ma ho già un impegno.

A：日曜日にレオナルド・ダ・ヴィンチ展を一緒に見に行かないか。
B：私も興味あるけど，用事があって。

ポイント **impegno** 用事，約束。 **mostra** 展覧会。 **interessare a** ***qlcu.*** 〈人〉に興味をもたせる。

□ 332 〜と約束がある
Ho l'appuntamento con ...

A: Sabato pomeriggio vieni anche tu a giocare a tennis?
B*: Sarei venuta con piacere, ma ho l'appuntamento con il dentista.

A：土曜の午後，きみもテニスしに来る？
B：行きたいところだけど，歯医者の予約があるの。

ポイント **appuntamento** 約束，予約。 **sarei venuta** ＊条件法過去にすることで「行きたいけど行けない」の意味が出る。 **con piacere** 喜んで。

□ 333 先約がある
Avevo già preso un altro impegno

A: Domenica prossima facciamo una festa da noi. Puoi venire anche tu?
B*: Grazie per l'invito, ma non posso, avevo già preso un altro impegno.

A：今度の日曜日にうちでパーティーするんだけど，きみも来られるかな。
B：お招きありがとう。でも先約があって受けられないわ。

ポイント **fare una festa** パーティーを開く。 **invito** 招待。

□ 334 急用で
Per un affare urgente

A: Scusatemi, devo uscire per un affare urgente. Non potrò fare in tempo per la cena.
B*: Va be'. Ceniamo senza di te.

A：申し訳ないが，急用で出かけなければならなくなった。夕食には戻れないと思う。
B：仕方ないわ。あなたのことは待たずに食べます。

affare 仕事，用事。 **urgente** 緊急の。 **fare in tempo** 間に合う。 **be'**：**bene** の語尾切断形。

□ 335 家庭の事情で
Per ragioni di famiglia

A*: Mi scusi, non posso partecipare alla riunione alle tre per ragioni di famiglia.
B: Va bene.

A：すみません，家庭の事情で 3 時からの会議に出席できなくなってしまいました。
B：わかりました。

ragione 理由，事由。 **partecipare a** 〜に参加する。 **riunione** 会議。

□ 336 不測の事態が生じた
Mi è capitato un contrattempo

A: Mi è capitato un contrattempo e ho perso il volo.
B*: Mamma mia! Che disastro!

A：不測の事態が生じて飛行機を乗り過ごしてしまいました。
B：えっ，それは大変。

contrattempo 予定変更を余儀なくさせる事態，不都合。 **disastro** 災難。

5-17. 多忙

□ 337 忙しい

Sono impegnato → p.23

A*: Hai tempo questo pomeriggio?
B: Purtroppo no. Sono impegnato.

A： 今日の午後時間ある？
B： あいにくだめなんだ。忙しい。

impegnato 用事［先約］がある。 **purtroppo** あいにく。

□ 338 スケジュールが詰まっている

Ho un fitto programma

A: Possiamo vederci uno di questi giorni?
B*: È difficile. Ho un fitto programma fino alla fine di questo mese.

A： 近いうちに会えるかな。
B： 難しいわ。今月末までスケジュールが詰まっているの。

fitto 密度の濃い，詰まった。 **programma** スケジュール，予定。 **uno di questi giorni** ここ数日のうちに。 **fine** 終わり。

□ 339 やることがたくさんある

Ho tante cose da fare

A: Stasera puoi uscire?
B*: No, ho tante cose da fare.

A： 今夜出かけられる？
B： 無理。やることがたくさんあって。

da fare すべきこと。

□ 340

お金がない
Non ho soldi

A*: Quest'estate andiamo in vacanza in qualche posto sul mare?
B: Verrei volentieri, ma non ho soldi.

A： この夏は海辺の街にヴァカンスに行かない？
B： 喜んで行きたいところだけど，お金がないよ。

ポイント posto 場所。 sul mare 海沿いの。 verrei ＊条件法にすることで「行きたいけど…」のニュアンスが出る。

□ 341

お金がない
Sono senza soldi

A: A metà mese sono già senza soldi. Come faccio?
B*: Ti posso prestare solo 100 euro.

A： 月半ばなのにもうお金がない。どうしよう。
B： 100 ユーロなら貸してあげる。

ポイント senza ～なしの。 metà 半分。 prestare 貸す。

□ 342
一文無しだ
Sono al verde

A*: Andiamo a mangiare un gelato?
B: No, grazie. Oggi sono completamente al verde.

A： ジェラートでも食べに行く？
B： やめておく。今日はまるですかんぴんなんだ。

ポイント essere al verde ＊「緑のところにいる」の意。かつて時間を測るための蝋燭の下のほうが緑に塗られていた，中世には破産した人に緑の帽子をかぶることを義務づけていたなど，由来は諸説ある。

V 誘う・申し出る

343 興味がない

Non mi interessa

A*: Perché stasera non andiamo a vedere "Le cose che restano"?
B: Non mi interessa molto. È troppo lungo.

A： 今夜『ジョルダーニ家の人々』観に行かない？
B： あんまり興味ない。長すぎるよ。

perché non ～しない？ →p.103。 interessare a *qlcu.* 〈人〉に興味をもたせる。 lungo 長い ＊ "Le cose che restano" は６時間半以上もある長編。

344 あまり興味が湧かない

Non mi suscita molta curiosità

A: Domani comincia la mostra su Tintoretto. Andiamo a vederla?
B*: Non mi suscita molta curiosità. Preferisco Giorgione.

A： 明日からティントレット展が始まるんだ。観に行かないか。
B： あんまり興味が湧かない。ジョルジョーネのほうが好きなの。

suscitare 引き起こす，刺激する。 curiosità 好奇心，興味。 preferire ～のほうが好き。

345 ～する気になれない

Non me la sento di ...

A*: Anche noi andiamo alla festa da Sandro?
B: Non me la sento di stare in mezzo alla gente. Se vuoi, vai da sola.

A： 私たちもサンドロの家のパーティーに行きましょ。
B： たくさんの人と一緒にいる気分じゃないんだ。行きたければひとりで行っておいで。

sentirsela di + *inf.* ～する気になる。 in mezzo a ～のただ中に。 da solo ひとりで。

346 放っておいてください
Mi lasci stare tranquillo

A: Signorina, andiamo a prendere un caffè?
B*: No. Mi lasci stare tranquilla, per favore.

A： ねぇ，お茶飲みに行こうよ。
B： 結構です。放っておいていただけませんか。

lasciare 放っておく。 **tranquillo** 落ち着いた，穏やかな。 **per favore** お願いです。

347 放っておいてくれ
Lasciami in pace

A*: Cosa c'è? Non hai detto neanche una parola a tavola tutta la sera.
B: Niente. Non ho niente. Lasciami in pace.

A： どうしたの？ 今夜は食事中にひと言も話さなかったじゃない。
B： なんでもない。なんでもないったら。放っといてくれ。

pace 平和，平穏。 **a tavola** 食卓で。

348 ひとりでいたい
Preferisco stare da solo

A: Che ne dici di vedere insieme il DVD di Visconti?
B*: No, oggi non mi va. Preferisco stare da sola.

A： ヴィスコンティの DVD を一緒に観るのはどうかな。
B： ううん，今日はその気になれない。ひとりで過ごしたいの。

che ne dici di ～についてどう思う？ →**p.44, 79**。

□ 349 飲み過ぎた

Ho bevuto troppo

A: Ieri sera sei tornata tardissimo.
B*: Sì, ho bevuto un po' troppo.

A： 昨夜はやけに帰宅が遅かったね。
B： うん，ちょっと飲み過ぎちゃった。

ポイント bere 飲む ＊目的語がない場合には飲酒を指す。

□ 350 ひどく酔っている

Sono ubriaco fradicio

A*: Come? Non capisco cosa dici.
B: Non posso parlare bene. Sono ubriaco fradicio.

A： なに？　何言ってるのかちっともわからない。
B： 呂律が回らないんだ。泥酔したらしい。

ポイント ubriaco 酔っている。　fradicio 甚だ，すさまじく。

□ 351 気持ちが悪い

Mi sento male

A*: Stai bene? Hai una faccia pallida.
B: No, non sto bene. Mi sento male.

A： 大丈夫？　顔色が悪いけど。
B： 大丈夫じゃないよ。気持ちが悪い。

ポイント sentirsi 感じる。　pallido 蒼白の。

□ 352 死ぬほど疲れた
Sono stanco morto

A*: Sono stanca morta.
B: Immagino. Hai lavorato tutto il giorno nonostante sia domenica.

A： 死ぬほど疲れた。
B： だろうね。きみ一日じゅう仕事していたから。日曜だっていうのに。

stanco 疲れた。 **morto** 死んだ。 **nonostante** にもかかわらず ＊接続法の動詞を伴う。

□ 353 へとへとだ
Sono esausto

A: Sbrighiamoci. Si sta facendo buio.
B*: Aspetta. Sono esausta. Riposiamoci ancora un po'.

A： 急ごう。そろそろ暗くなってきた。
B： 待って。もうへとへと。もうちょっと休まない？

esausto 消耗した，疲れきった ＊心身ともに疲れきっている場合には **esaurito** を用いる。
sbrigarsi 急ぐ。 **farsi buio** 暗くなる。

□ 354 疲労困憊している

Sono sfinito

A: Sono sfinito. È da tre mesi che curo la mia mamma.
B*: Riposati e non ti affaticare troppo.

A： もう限界だ。母の看護をして３か月になる。
B： からだを休めて，あんまり無理しすぎないで。

sfinito 精魂尽き果てている。 **curare** 看護する。 **affaticarsi** 疲れる，努力する。

355 死ぬほど眠い
Ho sonno da morire

A: Ho sonno da morire. Ho dormito solo un paio di ore.
B*: Hai visto ancora la partita di notte?

A： 死ぬほど眠い。2，3 時間しか寝ていないんだ。
B： 夜中にまた試合観てたの？

da morire 死ぬほど。

356 ベッドに倒れ込みたい
Mi butterei a letto

A: Che stanchezza! Non ho ancora cenato, ma mi butterei a letto.
B*: Va be'. Dormi un po' e poi mangi.

A： へとへと。夕食はまだだけど，すぐにベッドに倒れ込みたい。
B： いいんじゃない。少し寝てそれから食べれば。

ポイント **buttarsi** 身を投げる，倒れこむ。 **stanchezza** 疲労。

357 もっと休みたい
Vorrei riposarmi di più

A: Vorrei riposarmi di più.
B*: Dopo l'esame puoi dormire fino a tardi. Abbi pazienza ancora per un po'.

A： もっと休みたいよ。
B： 試験がすめば遅くまで寝てられるじゃない。もうちょっとの辛抱よ。

esame 試験。 **pazienza** 辛抱，我慢。 **per un po'** 少しの間。

□ 358 風邪を引いた

Ho preso il raffreddore

A: Ho preso il raffreddore e ho mal di gola.
B*: Hai preso qualche medicina?

A： 風邪を引いてのどが痛い。
B： 薬はもう飲んだ？

raffreddore 風邪，感冒。 mal di gola のどの痛み。

□ 359 風邪を引いている

Sono raffreddato

A: Sono raffreddato. Devo soffiarmi spesso il naso.
B*: Per non spellarti il naso, è meglio usare fazzoletti umidi e morbidi.

A： 風邪を引いてしょっちゅう鼻をかまないとならないんだ。
B： 鼻の皮がめくれてしまわないように，湿った柔らかいティッシュを使うといいわ。

raffreddato 風邪を引いた。 soffiarsi il naso 鼻をかむ。 spellarsi 皮がむける。 fazzoletto ティッシュ。 umido 湿った。 morbido 柔らかい。

□ 360 熱がある

Ho la febbre

A*: Stamattina ho la febbre a 38 gradi.
B: Ha anche tosse e mal di gola?

A： 今朝は 38 度の熱がありました。
B： 咳とのどの痛みもありますか。

febbre 熱。 tosse 咳。

V 誘う・申し出る

361 お腹が痛い

Mi fa male lo stomaco

A: Mi fa male quasi sempre lo stomaco e a volte sputo sangue.
B*: È probabile che abbia un po' di ulcera. Sarebbe opportuno fare la gastroscopia.

A： ほぼいつもお腹が痛くて，時々血を吐くこともあるんですが。
B： 胃潰瘍の可能性があります。胃カメラの検査をしたほうがいいでしょう。

ポイント **stomaco** お腹，胃。 **sputare**（痰・つばなどを）吐く。 **ulcera** 潰瘍。 **opportuno** 適切な。 **gastroscopia** 胃カメラ検査。

362 吐き気がする

Mi viene la nausea

A*: Vai piano. Non andare così forte. Mi viene la nausea.
B: Scusa. Rallento.

A： ゆっくり行こうよ。そんな飛ばさないで。吐き気がする。
B： ごめん。スピード落とすよ。

ポイント **nausea** 吐き気。 **piano** ゆっくりと，慎重に。 **forte** 速く。 **rallentare** スピードを落とす。

363 食欲がない

Non ho appetito

A: Non ho appetito. Sono troppo stanco.
B*: Forse avrai preso il raffreddore.

A： 食欲がない。ひどく疲れてしまった。
B： たぶん風邪を引いたのよ。

ポイント **appetito** 食欲 **avrai preso** ＊未来完了にすることで「～したらしい」と過去のことを推測する意味合いが出る。

Espressioni
comuni di uso quotidiano

Ⅵ

依頼する・要求する

6-01. 依頼の前置き

364 お願いしてもいい？
Posso chiederti un favore?

A*: Posso chiederti un favore?
B: Sì, certo. Dimmi.

A： お願いがあるんだけど。
B： もちろんいいよ。なに？

favore 親切な行為。

365 頼みを聞いてくれる？
Puoi farmi un favore?

A*: Puoi farmi un favore? Potresti andare tu a prendere i bambini stasera?
B: Va bene. Non c'è problema.

A： お願いがあるんだけど。今夜はあなたが子どもたちを迎えに行ってくれる？
B： ああいいよ。問題ない。

andare a prendere 迎えに行く，取りに行く。 non c'è problema → p.112。

366 手を貸してもらいたいんだけど
Avrei bisogno del tuo aiuto

A*: Avrei bisogno del tuo aiuto.
B: Bene. Cosa dovrei fare?

A： 手を貸してもらいたいんだけど。
B： いいよ。何をすればいい？

avere bisogno di ～が必要だ ＊条件法にすることで「～したいんだけど」というニュアンスを表現する。

367 〜していただけますか？

Potrebbe ...?

A*: Potrebbe chiudere il finestrino? Mi dà fastidio l'aria.
B: Sì, come no.

A： 窓を閉めていただけますか。風が当たるのが不愉快なものですから。
B： いいですよ。もちろん。

potrebbe ＊条件法にすることで丁寧さを表わす。 **finestrino**（乗り物の）窓。 **dare fastidio a *qlcu.*** 〈人〉に不快な思いをさせる。 **come no** ノーなわけがない。

368 〜していただけますか？

Sarebbe così gentile da ...?

A*: Dottore, sarebbe così gentile da spiegarmi come leggere i risultati dell'esame del sangue?
B: Certo. Questo qui indica l'emoglobina. Lei ce l'ha un po' bassa.

A： 先生，血液検査の結果の読み方を説明していただけますか。
B： もちろんです。これがヘモグロビンを表しています。あなたは少し低めですね。

da（程度）〜するほど。 **spiegare** 説明する。 **risultato** 結果。 **esame del sangue** 血液検査。 **indicare** 示す。 **emoglobina** ヘモグロビン。

369 お手数ですが〜していただけませんか？
Le dispiacerebbe ...?

A: Le dispiacerebbe dirmi che strada prendere per andare a Pompei?
B*: Sì, ma Lei quando parte?

A： お手数ですが，ポンペイまでの道を教えていただけませんか。
B： ええ，それであなたはいつお発ちになるんですか。

dispiacere a *qlcu.* 〈人〉にとって煩わしい。

□ 370 ～してもいい？
Posso ...?

A*: Posso chiamarti stasera?
B: Sì, ma lavoro fino a tardi. Chiamami dopo le undici.

A： 今夜電話してもいい？
B： いいけど，遅くまで仕事してるから，11 時過ぎにしてくれるかな。

chiamare ***qlcu.*** 〈人〉に電話をかける。 **dopo** 過ぎてから。

□ 371 ～してもかまわない？
Ti dispiace se ...?

A: Ti dispiace se fumo qui?
B*: Sì, un po'. Vai a fumare dall'altra parte.

A： ここでタバコを吸ってもいいかな。
B： ううん，困る。向こうで吸ってきて。

dall'altra parte 向こうで ＊この場合の **da** は「～から」を意味しない。

□ 372 ～することが可能か？
È possibile ...?

A: In questa stazione è possibile lasciare le valigie anche dopo mezzanotte?
B*: È aperto fino all'una.

A： この駅では深夜 0 時すぎでも荷物を預けられますか。
B： 1 時までなら開いています。

lasciare 預ける。 **mezzanotte** 深夜 0 時。

□ 373 手を貸してくれる？

Mi dai una mano?

A*: Mi dai una mano? Ho le mani bagnate. Fai partire la lavatrice?
B: Sì, ma dimmi quale bottone devo premere.

A： 手伝って。両手が濡れていて。洗濯機のスタートボタンを押してちょうだい。
B： いいよ，でもどのボタンを押したらいいのか教えてよ。

bagnato 濡れている。 **far partire** 発進させる。 **lavatrice** 洗濯機。 **bottone** ボタン，スイッチ。 **premere** 押す。

□ 374 手伝って

Mi serve il tuo aiuto

A*: Non ce la faccio più. Mi serve il tuo aiuto.
B: D'accordo, ma cosa potrei fare per te?

A： ひとりじゃ無理。手を貸してくれなくちゃ。
B： いいよ，でも何をすればいいんだい？

farcela うまくやる。 **cosa potrei fare per te?** → p.107。

□ 375 何か助言をください

Mi daresti qualche consiglio?

A*: Mi daresti qualche consiglio per riuscire a essere meno ansiosa?
B: Forse funzionerà fare respiri profondi per un paio di volte.

A： あまり不安感に襲われなくてすむようなアドヴァイスを何かください。
B： おそらく深呼吸を２，３回すると効果あると思いますよ。

ansioso 心配な，不安な。 **funzionare** 機能する，効く。 **respiro profondo** 深呼吸。

6-05. 写真撮影

□ 376 シャッターを押していただけますか？

Ci potrebbe scattare una foto?

A*: Scusi, ci potrebbe scattare una foto con questo lago?
B: Sì, senz'altro.

A：この湖を背景に写真を撮っていただけますか。
B：ええ，もちろんです。

scattare シャッターを押す。 **lago** 湖。

□ 377 写真を撮らせていただけますか？

Posso farLe una foto?

A*: Lei è Totti, vero? Posso farLe una foto?
B: No, mi dispiace. Ho fretta.

A：トッティ選手ですよね。写真を撮ってもいいですか。
B：悪いね，ごめんよ。急いでいるから。

fare una foto a *qlcu.* 〈人〉の写真を撮る。 **fretta** 急ぐこと → **p.23**。

□ 378 いっしょに写真に入ってもらえますか？

Posso fare una foto con Lei?

A*: Posso fare una foto con Lei?
B: Sì, come no.

A：いっしょに写真に入ってもらえますか。
B：はい，もちろんです。

come no ノーなわけがない。

□ 379 〜まで乗せて行ってくれる？
Mi dai un passaggio fino a ...?

A*: Mi dai un passaggio fino alla stazione?
B: Mi dispiace. Oggi non sono venuto in macchina.

A： 駅まで乗せて行ってくれない？
B： ごめん。今日は車じゃないんだ。

passaggio（車やバイクなどに）ついでに乗せて行くこと。

□ 380 家まで送ってもらえる？

Potresti accompagnarmi a casa?

A*: Non mi sento bene. Potresti accompagnarmi a casa?
B: Sì, un attimo. Vado a prendere la macchina.

A： 気分が悪いの。家まで送ってくれない？
B： いいよ，ちょっと待ってて。車を取ってくるから。

accompagnare 同行する。

□ 381 車で迎えに来てくれる？
Mi puoi venire a prendere?

A: Piove a dirotto. Mi puoi venire a prendere alla stazione?
B*: Sì, arrivo fra dieci minuti.

A： ものすごい雨なんだ。駅まで迎えに来てくれないかな。
B： わかった。10分で着くと思う。

piovere a dirotto 土砂降りの雨が降る。 **venire a prendere** 迎えに来る。

□ 382 ～を貸してくれる？
Ti dispiacerebbe prestarmi ...?

A: Ti dispiacerebbe prestarmi dieci euro? Ho lasciato il portafoglio in macchina.
B*: Sì, eccoli.

A： 10 ユーロ貸してくれないかな。車に財布を忘れてきてしまったんだ。
B： はい，どうぞ。

ti dispiacerebbe ～してくれないか → **p.129**。

□ 383 貸したお金を返してくれる？
Mi puoi restituire i soldi che ti ho prestato?

A*: Mi puoi restituire i soldi che ti ho prestato ieri?
B: Oh, scusa. Me ne ero dimenticato. Ecco i dieci euro.

A： 昨日貸したお金，返してくれる？
B： あっ，ごめん。忘れてた。はい，10 ユーロ。

restituire 返す ＊ほかに **rendere** も同じ意味で用いられる。 **dimenticarsi di** ～を忘れる。

□ 384 明日返す
Te lo restituisco domani

A*: Ti ricordi che ti ho prestato venti euro la settimana scorsa?
B: Sì, sì, me lo ricordo. Te li restituisco domani. Ti giuro.

A： 先週 20 ユーロ貸したの覚えてる？
B： ああ，覚えてるよ。明日返す。必ず。

ricordarsi 記憶している。 **giurare** 誓う。

385 ちょっと安くしてもらえますか？
Mi farebbe un po' di sconto?

A*: Se compro due foulard, mi farebbe un po' di sconto?
B: Allora sarebbero 36 euro, ma facciamo 30.

A： スカーフを２枚買ったら，少し安くしてもらえますか。
B： では 36 ユーロを 30 ユーロにしましょう。

sconto 割引。 **foulard** スカーフ

386 割引してもらえますか？

Posso avere uno sconto?

A*: Posso avere uno sconto con la tessera dello studente sull'iPad?
B: Un momento. Vado a chiedere al principale.

A： iPad を購入するのに学生証で割引してもらえますか。
B： お待ちください。店長に聞いてきます。

tessera 身分証明書・定期券などを指す。 **negoziante** 店長。

387 割引チケットは適用されますか？
Posso avere un biglietto ridotto?

A*: Sono straniera, ma posso avere un biglietto ridotto lo stesso?
B: Sì, ma bisogna mostrare la International Student Card.

A： 外国人なんですが，それでも割引チケットは適用されますか。
B： はい。ただし国際学生証を提示してもらわないとなりません。

ridotto 割引された。 **lo stesso** 同じように，それでも。 **mostrare** 提示する。

6-09. 弁償

□ 388 弁償してもらうことになる
Dovrebbe pagare

A*: Mamma mia! Ho rotto il vetro!! Chiedo scusa.
B: Non si preoccupi, ma dovrebbe pagare il vetro rotto.

A： なんてこと。ガラスを割ってしまった。申し訳ありません。
B： お気になさる必要はありませんが，割れたガラス代は弁償していただくことになります。

pagare 支払う。 **rotto**：**rompere**（割る）の過去分詞。

□ 389 弁償を望みます

Voglio che me lo paghi

A*: Hai rotto il mio cellulare nuovo, l'avevo comprato solo da una settimana! Voglio che me lo paghi.
B: Sì, certo. Scusami molto. Te ne compro uno nuovo dello stesso modello.

A： 新しい携帯を壊したわね。1週間前に買ったばかりなのに。弁償してくれるんでしょうね。
B： もちろんだよ。ほんとにごめん。同じモデルの新しいのを買ってあげるよ。

ポイント **modello** モデル，型。

□ 390 弁償してもらえますか？

Me lo può rimborsare?

A*: Il cameriere ha fatto cadere un bicchiere di birra sulla mia gonna di pelle. Me la può rimborsare?
B: Le chiedo scusa anche da parte mia. Le paghiamo il conto in lavanderia, ma non di più.

A： ウエイターさんがビールのグラスを倒したせいで，革のスカートが汚れてしまいました。弁償してもらえますか。
B： 私からもお詫び致します。クリーニング代は私どもでお支払いしますが，それ以上はちょっと。

ポイント **rimborsare** 返金する，償還する。 **di pelle** 革製の。 **conto** 費用。 **lavanderia** クリーニング屋。

391 遠慮しないで／ためらわないで

Senza esitare

A: Se hai bisogno, telefonami senza esitare.
B*: Sì, grazie.

A： 必要なときには遠慮しないで電話して。
B： ええ，ありがとう。

esitare ためらう ＊名詞 **esitazione** を代わりに用いることもできる。

392 怖がらないで

Non avere paura!

A: Mamma, non voglio andare in bagno da solo.
B*: Non avere paura! Non ci sono i fantasmi.

A： ママ，ひとりじゃトイレに行けない。
B： 怖がらないの。おばけなんかいないんだから。

paura 恐怖心。 **fantasma** 幽霊。

393 お先にどうぞ

Dopo di Lei

A: Signora, dopo di Lei.
B*: La ringrazio.

A： お先にどうぞ。
B： ありがとうございます。

dopo di 〜の後に。 **ringraziare** ***qlcu.*** 〈人〉に感謝する。

□ 394 ほかに方法がない

Non c'è altra alternativa

A: È proprio necessario diminuire adesso il personale?
B*: Sì, non c'è altra alternativa.

A：今，人員を減らす必要がほんとうにあるんでしょうか。
B：ええ，ほかに選択肢はありません。

alternativa ほかの解決策，手段。 **diminuire** 減らす。 **personale**（総称的に）人員，スタッフ。

□ 395 ほかに方法がない

Non c'è altra via d'uscita

A: Non c'è altra via d'uscita dalla crisi economica che passare a un'economia verde.
B*: Sono proprio d'accordo.

A：経済危機から脱するには，エコ経済に移行するよりほかに道はありません。
B：私もまったく同感です。

via d'uscita 解決策。 **crisi** 危機。 **passare a** ～に移行する。 **economia verde**（太陽エネルギーなど自然に立脚した）エコ経済。

□ 396 仕方ない

Pazienza

A*: Qui dentro fa caldissimo.
B: Pazienza. Ho appena acceso il condizionatore d'aria.

A：ここの中ひどく暑いわね。
B：仕方ないさ。今エアコンのスイッチ入れたばっかだから。

pazienza 忍耐力，辛抱。 **acceso**：**accendere**（つける，スイッチを入れる）の過去分詞。 **condizionatore d'aria** エアコン。

397 できるだけ早く
Il più presto possibile

A: È arrivata la rivista che Lei ha ordinato per telefono.
B*: Grazie. Vengo a prenderla il più presto possibile.

A： 電話注文なさった雑誌が入りました。
B： ありがとうございます。なるべく早く取りに伺います。

ordinare 注文する。 per telefono 電話で。

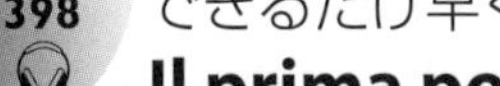

398 できるだけ早く
Il prima possibile

A*: Mi fa sapere il prima possibile il luogo e l'ora dell'incontro, per favore?
B: Sì, Glielo scriverò appena l'avrò saputo.

A： 会合の場所と時間をなるべく早く教えていただけますか。
B： わかり次第ご連絡差し上げます。

prima 先に，早くに。 far sapere 知らせる。 incontro 打ち合わせ，会合。

399 大至急
È urgentissimo

A*: Quando devo presentare la relazione sui nuovi prodotti?
B: Anche subito. È urgentissimo.

A： 新製品についての報告書をいつまでに提出しないといけませんか。
B： 今すぐにでも。大至急です。

urgente 緊急の。 presentare 提出する。 relazione 報告書，レポート。 prodotto 製品。

□ 400 何とかしないと
Fai qualcosa

A*: Fai qualcosa. Per cambiare le cose non è sufficiente indignarsi.
B: Appunto. Comincio con lo scrivere su Facebook per mettere gli amici a conoscenza di ciò che sta succedendo in Italia.

A： 何とかしないと。状況を変えたいのなら，ただ憤っていても始まらない。
B： まさしく。フェイスブックに書き込みをして，友人たちにイタリアで今何が起きているのかを知ってもらうことから始めようと思う。

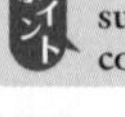
sufficiente 十分な。 **indignarsi** 憤慨する。 **appunto** まさしくそのとおり。 **cominciare con** ～から始める。 **a conoscenza di** ～を知っている。 **succedere** 起こる。

□ 401 やめて！
Smettila!

A*: Smettila di cambiare spesso i canali tv. Mi dà sui nervi.
B: Scusami. È una mia abitudine.

A： しょっちゅうチャンネルを変えるのやめてくれない？ イライラする。
B： ごめん。癖なもんで。

smetterla 今していることをやめる，中断する。 **canale** チャンネル。 **dare sui nervi a *qlcu.*** 〈人〉をイライラさせる。 **abitudine** 習慣，癖。

□ 402 どいて！
Spostati!

A*: Spostati un po' più a destra. Non posso vedere la lavagna.
B: Scusa. Non me ne sono accorto.

A： もうちょっと右に寄って。黒板が見えない。
B： ごめん。気づかなくて。

spostarsi 移動する，ずれる。 **lavagna** 黒板。 **accorgersi di** ～に気づく。

□ 403 私があなただったらやらない
Al posto tuo io non lo farei

A: Quest'estate farò un viaggio in Medio Oriente.
B*: Al posto tuo io non lo farei.

A： この夏は中東を旅行しようと思ってるんだ。
B： 私ならしないけど。

Medio Oriente 中東。 **posto** 立場，地位 **al posto tuo** → p.98。

□ 404 ほんとに～したいと思っている？
Sei sicuro di volere ...?

A*: Sei sicuro di voler fare il tatuaggio? Magari tra qualche anno non lo vorrai più.
B: Sono sicurissimo. Voglio una lucertola sulla caviglia.

A： ほんとにタトゥー入れたいの？ もしかしたら何年か後には嫌になるかもしれないのに。
B： ほんとに入れたい。くるぶしにトカゲを彫りたいんだ。

tatuaggio タトゥー，刺青。 **magari** ひょっとしたら。 **lucertola** トカゲ。 **caviglia** くるぶし。

□ 405 なんてバカなことを考えてるんだ！
Che idea assurda!

A: Voglio smettere gli studi e girare il mondo.
B*: Ma cosa dici? Che idea assurda! Pensaci bene, al tuo futuro.

A： 学校はやめて，世界を旅して周りたいんだ。
B： なにを言ってるの？ バカなこと考えてないで，自分の将来についてもっとよく考えてみなさい。

idea 考え，発想。 **assurdo** ばかげた，論拠のない。 **pensarci** そのことについて考える。

□ 406

恥を知れ！
Vergognati!

A*: Sei troppo egoista. Vergognati! Pensa un po' di più agli altri.
B: Ma che! Tu sei molto più egoista di me.

A：あなたってエゴイストね。恥ずかしいと思ったらどう？　少しは人のことも考えなさいよ。
B：何だって？　きみのほうがずっとわがままじゃないか。

vergognarsi 恥ずかしいと思う。　**egoista** エゴイスト。　**ma che** とんでもない。

□ 407

～は恥ずかしいことだ
È da vergognarsi ...

A: È da vergognarsi tentare sempre di fuggire dalla realtà.
B*: Ma sono delusa dalla vita.

A：現実から目を背けてばかりいるのは恥ずべきことだよ。
B：でも人生に失望してしまったの。

tentare di + *inf.* ～を試みる。　**fuggire da** ～から逃げる。　**realtà** 現実。　**deluso** 失望した，幻滅した。

□ 408

きみには常識が欠けている
Ti manca il buonsenso

A*: Potresti regalarmi questo tuo orologio?
B: No, sai quanto è costato? Ti manca il buonsenso.

A：このあなたの時計くれる？
B：無理。いくらしたかわかってるかい？　きみには常識ってものがない。

mancare 欠けている。　**buonsenso** 常識，良識。　**regalare** プレゼントする。

□ 409 なんだってそんなばかなことをしたんだ？

Perché hai fatto questa stupidaggine?

A*: Il professore mi ha detto che non avevi scritto neanche una parola all'esame. Perché hai fatto questa stupidaggine?
B: Mi ero veramente incavolato. Ma l'esame lo rifarò domani.

A：先生がおっしゃっていたわ，テストにひと言も書かなかったって。なんでそんなばかなマネしたの？
B：ひどくむかついてたんだ。でもテストは明日受け直すよ。

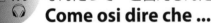

ポイント **stupidaggine** 愚かな行為，愚行。 **incavolarsi** むかつく，怒る。 **rifare** やり直す。

□ 410 なんだって～と言えるんだ

Come osi dire che ...

A: Come osi dire che non faccio altro che guardare i cartoni animati? Ho già finito di lavorare.
B*: Scusa, ma anche quando sono uscita, tu stavi davanti alla tv.

A：アニメばかり見てるだなんてよくもそんなことが言えたな。もう仕事は終わったんだよ。
B：ごめん。でも私が出かけたときにもテレビの前にいたから。

ポイント **osare** 思い切って～する。 **non fare altro che** ～以外は何もしない，～しかしない。 **cartoni animati** アニメ。

□ 411 もう遅すぎる

Ormai è troppo tardi

A: Ormai è troppo tardi per rifare tutto da capo. Non abbiamo più tempo.
B*: Però facciamo almeno il nostro meglio.

A：初めからやり直すにはもう遅すぎます。時間がありません。
B：それでも少なくともやれるだけがんばってみましょう。

ポイント **ormai** もう今では。 **da capo** 初めから，頭から。 **fare il *proprio* meglio** ベストを尽くす →p.111。

□ 412 自分が何を言ってるのかわかってるのか？
Ma ti rendi conto di cosa stai dicendo?

A*: Bisogna licenziare più della metà degli operai per salvare la fabbrica.
B: Ma ti rendi conto di cosa stai dicendo? È impossibile!!

A： 工場を存続させるには工員の半数以上を解雇しないと。
B： 自分が何言ってるかわかってるのか。無茶だ。

ポイント **rendersi conto di** ～に気づく。 **licenziare** 解雇する。 **operaio** 工員。 **salvare** 救う。 **impossibile** 不可能な。

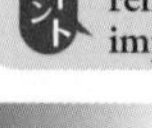
□ 413 言葉に気をつけなさい！
Sta' attento a quello che dici!

A*: Gira voce che il direttore verrà arrestato per peculato.
B: Sta' attenta a quello che dici! Ricorda, anche i muri hanno le orecchie.

A： 部長が公金横領罪で逮捕されるって噂よ。
B： 言葉に気をつけたほうがいい。壁に耳ありっていうだろう。

ポイント **stare attento a** ～に気をつける。 **girare** 回る。 **voce** 噂。 **arrestare** 逮捕する。 **peculato** 公金横領。 **muro** 壁。 **orecchie** 耳，聴覚器官。

□ 414 口の利き方に気をつけなさい！
Bada a come parli!

A: Sono affari miei. Tu non c'entri nulla!
B*: Bada a come parli! Sono tua madre.

A： ぼくの問題であって，あんたにはまるで関係ないよ！
B： 口の利き方に気をつけなさい。私はあなたの母親ですよ。

ポイント **affare** 問題，関心事。 **entrarci** 関係がある。 **badare a** ～に気をつける。

□ 415 黙りなさい！
Sta' zitto!

A*: Sta' zitto! Sta per cominciare la conferenza.
B: Va' bene. Parliamone dopo.

A： 黙って。講演会がそろそろ始まる。
B： わかったよ。話は後で。

zitto 黙っている。 **stare per** + ***inf.*** ～しかけている。 **conferenza** 講演会。

□ 416 黙りなさい！
Taci!

A*: Taci, non posso concentrarmi.
B: Ma volevo dire la mia. È vietato?

A： 黙ってて。集中できない。
B： でも意見を言いたかっただけだよ。いけないのかい？

tacere 黙る，しゃべらない。 **concentrarsi** 集中する。 **la mia** 自分の意見 ＊**opinione** が省略されている。 **vietare** 禁止する。

□ 417 落ち着いて！
Sta' calmo!

A: Sta' calma! Non ti riscaldare.
B*: Non mi sto riscaldando per niente!

A： 落ち着いて。そんなにカッカするなよ。
B： ちっとも熱くなんかなってないけど。

calmo 穏やかな，落ち着いた **riscaldarsi** 興奮する，熱くなる。 **per niente** まるで，ちっとも。

□ 418 頼んだ

Mi raccomando

A: Domani cerca di arrivare puntuale, dobbiamo essere alla stazione alle otto e mezzo. Mi raccomando.

B*: Sì, metto tre sveglie.

A：明日は時間に遅れるなよ。8時半には駅に集合だからね。頼むよ。
B：わかった。目覚ましを3つかける。

ポイント **raccomandarsi** 頼む，願う。 **cercare di** + *inf.* ～しようとする。 **puntuale** 時間どおりの。 **mettere la sveglia** 目覚ましをかける。

□ 419 ～するのを忘れないで

Non dimenticarti di ...

A: Non dimenticarti di imbucare queste lettere tornando a casa. Sono urgenti.

B*: Senz'altro.

A：帰宅途中でこの手紙を投函するのを忘れないでおくれ。至急の手紙なんだ。
B：もちろんです。

ポイント **dimenticarsi di** + *inf.* ～するのを忘れる ＊代わりに **ricordarsi**（覚えておく）を使って，**ricordati** としてもよい。 **imbucare** 投函する。 **senz'altro** もちろん。

□ 420 ～を覚えておきなさい

Mettiti in mente che ...

A*: Piano piano riesci a metterti a pari con gli altri studenti. Mettiti in mente che non sei inferiore a nessuno.

B: Va be'. Continuerò gli studi. Cercherò di abituarmi a studiare sodo.

A：だんだんほかの学生に追いつけるから。ほかの人よりも劣っているわけじゃないってことを忘れないで。
B：わかった。勉強は続けるよ。猛勉強に慣れるようにがんばってみる。

ポイント **piano piano** だんだん，徐々に。 **mettersi a pari con** ～と同等［対等］になる。 **inferiore a** ～より劣っている。 **abituarsi a** ～に慣れる。 **studiare sodo** 猛勉強する。

□ 421 考えさせてください
Lasciami riflettere

A: Non ti va di partecipare al nostro gruppo di lettura?
B*: Non posso rispondere subito. Lasciami riflettere.

A：読書会にきみも入る気はない？
B：すぐには答えられない。考えさせて。

riflettere 熟考する。 **partecipare a** ～に参加する。 **gruppo di lettura** 読書会。

□ 422 考える時間をいただけますか？
Mi potrebbe dare il tempo di pensare?

A: È troppo delicato questo argomento. Mi potrebbe dare il tempo di pensare?
B*: Sì, certo. Ci parliamo ancora alla prossima occasione.

A：非常にデリケートな話題ですね。考える時間をいただけますか。
B：ええ，もちろんです。またの機会に話し合いましょう。

ポイント **delicato** デリケートな **argomento** 話題，議題 **alla prossima occasione** 次の機会に →p.115。

□ 423 上司に相談します

Devo consultarmi con il mio capo

A: Non spetta a me prendere questa decisione. Devo consultarmi con il mio capo.
B*: Ho capito. Allora ci faccia sapere la risposta entro questa settimana, per favore.

A：この件の決定権は私にはありませんので，上司に相談いたします。
B：わかりました。では今週中に返事をお知らせください。

consultarsi con ～と相談する。 **capo** ボス，上司。 **spettare a** ***qlcu.*** （～する権利［義務］が）〈人〉に帰属する。

□ 424 ～するのであれば

A condizione che ...

A: Ti presto la mia moto a condizione che me la restituisca piena di benzina.
B*: Grazie. Te la riporto domani sera.

A： ガソリンを満タンにして返してくれるなら，バイクを貸してあげてもいいよ。
B： ありがとう。明日の夜返す。

condizione 条件 ＊**a condizione che** ～という条件で。必ず接続法の動詞を伴う。 **benzina** ガソリン。 **riportare** 返す。

□ 425 ～するのであれば

A patto che ...

A*: Ti permettiamo di prendere un cane a patto che te ne occupi tu per tutte le necessità.
B: Davvero? Mamma, farò tutto quello che vorrete.

A： 必要な世話は全部自分でするなら，犬を飼ってもいいことにします。
B： ほんとう？ お母さん，なんでも言うこと聞くよ。

patto 契約，条件 ＊**a patto che** ～という契約で。必ず接続法の動詞を伴う。 **permettere di** + *inf.* ～するのを許可する。 **occuparsi di** ～に携わる，従事する。

□ 426 約束を守ってくれるなら

Se mi dai la tua parola

A: Cosa hai? Perché piangi?
B*: Se mi dai la tua parola che non lo dici a nessuno, te lo spiego.

A： どうした？ なんで泣いてるんだい？
B： 誰にも言わないって約束してくれるなら話す。

dare la ***propria*** **parola a** ***qlcu.*** 〈人〉に約束する。 **piangere** 泣く。

☐ 427
何様のつもり？
Chi credi di essere?

A*: Chi credi di essere? Anch'io ho lavorato tutto il giorno e sono stanca.
B: Ma preparare la cena spetta a te.

A： 何様のつもり？　私だって一日中働きづめでクタクタなの。
B： でも夕食の仕度はきみの仕事だよ。

spettare a *qlcu.* （～する権利［義務］が）〈人〉に帰属する。

☐ 428
あなたは誰と話しているのかわかっているのか！
Lei non sa con chi sta parlando!

A*: La scadenza è per domani. Ha capito?
B: Certo che ho capito! Lei non sa con chi sta parlando!

A： 期限は明日です。わかっていますね。
B： もちろんだとも。そっちこそ誰を相手にしてるのかわかってるのかね。

scadenza 期限，締め切り。　**mi raccomando** → p.146。

☐ 429
きみは私が誰だかわかっているのか！
Lei non sa chi sono io!

A*: Signore, il documento per favore.
B: Ma Lei non sa chi sono io!

A： 身分証明証を見せてください。
B： きみは私が誰だかわかっているのかね。

documento 身分証明証。

6-23. これ以上は無理

□ 430 もうあてにしないで
Non contare più su di me

A: Mamma, svegliami alle sette domani.
B*: Non ci sono. Esco presto. Non contare più su di me. Ormai sei grande.

A： 母さん，明日７時に起こして。
B： いないわよ。早くに家を出るから。人をあてにしないで。もう大きいんだから。

contare su 〜をあてにする，頼りにする。 **svegliare** 目を覚まさせる。

□ 431 頼りすぎ
Mi chiedi troppo

A*: Dopo mi dai una mano a scrivere una relazione?
B: Mi chiedi troppo. Ora basta.

A： あとでレポート書くの手伝ってくれる？
B： お願いが多すぎるよ。もういい加減にしてくれ。

ポイント **chiedere** 要求する，頼む。 **dare una mano a** 〜に手を貸す。 **relazione** レポート。 **bastare** 十分だ。

□ 432 ほかの人に頼んで
Chiedilo a un altro

A: Mi presteresti venti euro?
B*: No, non ce li ho. Chiedili a un altro.

A： 20ユーロ貸してくれる？
B： もってない。ほかの人に聞いてみて。

un altro ほかの人。 **prestare** 貸す。

Espressioni
comuni di uso quotidiano

Ⅶ

問題と解決

7-01. 問題を尋ねる

☐ **433**

問題は何？

Qual è il tuo problema?

A*: Qual è il tuo problema? È meglio parlarne con qualcuno che pensarci da solo.
B: Non riesco a trovare lavoro. Pensavo che fosse più facile.

A： 何に悩んでるの？ ひとりでくよくよ考えるより誰かに相談したほうがいいよ。
B： 仕事が見つからないんだ。もっと簡単だと思ってたんだけど。

problema 問題，悩み。 **parlare di** ～について話す。 **pensare a** ～について考える。

☐ **434**

何を怒ってるの？

Perché sei arrabbiato?

A*: Che è successo? Perché sei arrabbiato così?
B: Niente. Non sono arrabbiato con te. Tu non c'entri.

A： 何があったの？ 何をそんなに怒ってるの？
B： なんでもない。きみに対して怒ってるわけじゃないんだ。きみは関係ない。

arrabbiato 怒った。 **entrarci** 関係する。

☐ **435**

（医者が）どこが悪いのですか？

Dove Le fa male?

A: Mi dica, dove Le fa male?
B*: Ho mal di schiena da ieri sera.

A： さて，どこが痛みますか。
B： 昨夜から腰が痛いんです。

fare male a ***qlcu.*** （患部を主語として）〈人〉の～が痛む。 **avere mal di** （人を主語として）～が痛い。 **schiena** 背中，腰。

□ 436 道に迷ってしまった

Mi sono perso

A: MI sono perso. Mi sa dire dov'è l'uscita del museo?
B*: Più avanti a destra.

A： 迷ってしまいました。美術館の出口はどこですか。
B： まっすぐ行って右側にあります。

perdersi 道に迷う。 **uscita** 出口。

□ 437 道に迷ってしまった

Mi sono smarrito

A: Pronto? Ma dove sei?
B*: Mi sono smarrita di nuovo. Non so orientarmi.

A： もしもし。どこにいるんだい？
B： また迷っちゃった。方向がまるでわからない。

smarrirsi 道に迷う。 **orientarsi** 自分の居場所を知る。

□ 438 ここはどこですか？

Dove siamo?

A*: Scusi, dove siamo ora? La città di Noto è vicina?
B: Noto? Deve scendere alla prossima fermata.

A： すみません，ここはどこですか。ノートの街は近くですか。
B： ノートですか。次のバス停で降りるといいですよ。

Noto ノート ＊シチリアの南西に位置するバロックの町。 **scendere** 降りる。

□ 439 ～へはどう行けばいいですか？
Come si arriva a ...?

A*: Scusi, mi direbbe come si arriva a piazza del Popolo?
B: Prenda la metro A e scenda a Flaminio.

A： すみません，ポポロ広場への行き方を教えていただけますか。
B： 地下鉄 A 線に乗ってフラミーニオ駅で降りてください。

ポイント ＊**si** 非人称の **si** を使って尋ねることができる。**arrivare a** の代わりに **raggiungere** を用いることもある。

□ 440 どのくらいの距離がありますか？
Quanto è distante?

A*: Quanto è distante Tivoli da Roma Termini?
B: Saranno circa 35 chilometri.

A： ローマ・テルミニ駅からティヴォリまではどのくらい離れてますか。
B： おそらく 35 キロくらいでしょう。

ポイント **distante** 隔たって，離れて ＊動詞 **distare** を用いて **Quanto dista ...?** と尋ねてもよい。
Tivoli ティヴォリ ＊ハドリアヌス帝の別荘やエステ家の別荘があるローマ近郊の町。

□ 441 どのバスが～行きですか？
Quale autobus arriva a ...?

A*: Quale autobus arriva alla Città del Vaticano?
B: Da Termini può prendere il numero 64.

A： ヴァチカンへは何番のバスで行けますか。
B： テルミニ駅からだと 64 番です。

autobus バス ＊市内ではなく長距離の場合には **pullman** と言う。

□ 442 どこで買えますか？
Dove si comprano ...?

A*: Dove si comprano i biglietti dell'autobus?
B: In tabaccheria o in alcuni bar.

A： バスの切符はどこで買えますか。
B： タバコ屋さんかあるいはバールでも場所に寄っては置いてます。

biglietto チケット，切符。 **tabaccheria** タバコ屋。

□ 443 どこに問い合わせればいいですか？
Dove ci si rivolge?

A: Dove ci si rivolge per avere le informazioni sui corsi di restauro?
B*: Al posto tuo, io le cercherei prima su Internet.

A： 修復の講座についてどこで情報が手に入れられると思う？
B： 私ならまずはインターネットで検索してみるけど。

rivolgersi a ～に問い合わせる。 **restauro** 修復。 **cercare** 探す。

□ 444 どこで定期割引券が買えますか？

Dove si può fare l'abbonamento?

A: Dove si può fare l'abbonamento per il vaporetto?
B*: Per abbonarsi ci si deve recare nelle biglietterie autorizzate.

A： ヴァポレットの定期割引券はどこで買えますか。
B： 定期割引券を手に入れるには，取り扱いをしている専用の切符売り場に行く必要があります。

ポイント **abbonamento**（雑誌，劇場などの）定期契約。 **vaporetto** ヴァポレット ＊ヴェネツィアでバスの代わりを果たしている水上交通機関。 **abbonarsi** 定期券を購入する。 **recarsi** 赴く，足を運ぶ。 **autorizzato** 許可を受けた，認可された。

□ 445 何時に始まりますか？

A che ora comincia ...?

A: Mi sa dire a che ora comincia l'ultimo spettacolo?
B*: Comincia alle dieci e finisce a mezzanotte.

A： 最終回の上映は何時からですか。
B： 10 時始まりで終映が深夜 0 時になります。

ポイント spettacolo 上映。

□ 446 時間はどのくらいかかりますか？

Quanto tempo ci vuole?

A*: Quanto tempo ci vuole dall'aeroporto di Venezia a Piazzale Roma?
B: Se prendi un taxi, in quindici minuti arrivi a Piazzale Roma, se invece prendi l'autobus, ci vorrà almeno mezz'ora.

A： ヴェネツィア空港からピアッツァーレ・ローマまではどのくらいかかる？
B： タクシーだと 15 分で着くけど，バスとなると 30 分はかかると思う。

ポイント volerci（時間・お金などが）必要となる。 invece そうではなくて。

□ 447 何時から何時まで開いてますか？

In che orario è aperto?

A: In che orario è aperto il Museo Bargello?
B*: Dal lunedì alla domenica è aperto dalle 8:15 alle 18:00.

A： バルジェッロ美術館は何時から何時まで開いてますか。
B： 月曜から日曜までの間 8 時 15 分から 18 時まで開館しています。

ポイント orario 時間表。 Museo Bargello バルジェッロ美術館 ＊フィレンツェにある彫刻で有名な美術館。

□ 448 年に何回～？

Quante volte all'anno ...?

A: Quante volte all'anno vai a vedere il Kabuki?
B*: Ci vado quasi ogni mese. Quando c'è Tamasaburo, anche due volte al mese.

A：年に何回歌舞伎を見に行っている？
B：ほぼ毎月。玉三郎さんが出演しているときには月に２回行く。

volta 回。 **quasi** ほとんど。 **ogni mese** 毎月。

□ 449 週に何回～？

Quante volte alla settimana ...?

A*: Quante volte alla settimana vai in palestra?
B: Ci vado tre o quattro volte.

A：週に何回ジムに通ってるの？
B：３，４回通ってる。

palestra スポーツクラブ。

□ 450 何年ぶりに～？

Da quanto tempo ...?

A*: Da quanto tempo non suoniamo insieme? Più di dieci anni?
B: Macché. Molto di più. Da dopo la laurea!

A：いっしょに演奏するの何年ぶりだろう。10年ぶりかな。
B：なに言ってるんだよ。もっとだよ。卒業以来なんだから。

ポイント **da** ～以来。 **suonare** 演奏する。 **macché** とんでもない。 **laurea** 卒業。

451 腹が立った

Mi sono arrabbiato

A*: Perché sei così irritato?

B: Aspettiamo già da dieci minuti, ma nessuno viene a chiederci cosa prendiamo. Così mi sono arrabbiato.

A：なんでそんなにイライラしてるの？

B：10 分も待ってるのに，誰一人オーダーを取りに来ない。だから怒ってるんだよ。

arrabbiarsi 腹を立てる，怒る。 **irritato** イライラした。

452 むかつく

Sono irritato

A: Oggi sono irritato, perché in ufficio mi hanno assillato a più non posso.

B*: Non ci pensare più. Domani è un altro giorno.

A：今日はむかついた。会社でこれでもかってくらい嫌な目にあって。

B：もう忘れましょ。明日はまた新しい一日が始まるんだし。

assillare しつこく悩ませる，煩わす。 **Domani è un altro giorno.** ＊直訳すると「明日はまた別の日」。今日のことは今日で終わりにしようと切り替えるときに用いる。

453 退屈してる

Mi annoio

A: Ti diverti?

B*: A dire il vero, non molto. Anzi mi annoio perché non so bene le regole del rugby.

A：楽しんでる？

B：正直言うとそうでもない。ていうか退屈。だってラグビーのルールよく知らないんだもの。

annoiarsi 退屈する。 **divertirsi** 楽しむ。 **a dire il vero** →p.56。 **anzi** むしろ，それどころか。 **regola** ルール，規則。

□ 454 落ち着いて！
Stai tranquillo!

A*: Stai tranquillo! Ora arriva il treno.
B: Ma lo aspettiamo da mezz'ora!!

A： 落ち着いて。もうすぐ列車が来るから。
B： だけどもう半時間も待ってるじゃないか。

tranquillo 冷静な，静かな ＊代わりに **calmo**（穏やかな）もよく使われる。

□ 455 落ち着いて！
Calmati!

A*: Che è successo? Si è ferito gravemente?
B: Mamma, calmati, ora sentiamo cosa dicono i medici.

A： 何があったの？ ひどい怪我なの？
B： 母さん，落ち着いて。とにかく先生方の話を聞こうよ。

calmarsi 落ち着く。 **ferirsi** 怪我をする，負傷する。

□ 456 慌てないで！

Non perdere la testa!

A*: Vai più veloce. Altrimenti arriviamo in ritardo.
B: Non perdere la testa! Abbiamo ancora tempo.

A： もっとスピード出してよ。そうでないと遅刻しちゃう。
B： そんな慌てなくていいよ。まだ時間あるんだから。

perdere la testa 冷静さを失う ＊**la testa** の代わりに **la calma** を用いることもできる。
altrimenti そうでないと。 **arrivare in ritardo** 遅刻する。

7-09. 気の毒に思う

457 お気の毒に

Mi dispiace

A: Mi dispiace che tua madre sia stata ricoverata in ospedale.
B*: Grazie, ma secondo i medici può tornare a casa fra una settimana.

A： お母様が入院なさったそうで大変ですね。
B： ありがとうございます。でもお医者さんの話では 1 週間で退院できるそうですから。

ポイント **dispiacere a *qlcu.*** 〈人〉にとって残念だ，遺憾だ ＊**che** 節の中では接続法を用いる。 **ricoverare** 収容する。

458 かわいそうに！

Poverino!

A*: Luigi ha avuto un incidente con la nuova moto e si è rotto un polso.
B: Poverino!

A： ルイージが新しいバイクで事故を起こして手首を骨折したんだって。
B： かわいそうに。

poverino かわいそう。 **incidente** 事故。 **rompersi** 骨折する。 **polso** 手首。

459 気持ちはわかる

Capisco come ti senti

A*: Oggi sono veramente depressa.
B: Capisco perfettamente come ti senti. Vedrai che andrà tutto bene.

A： 今日はほんとに落ち込んでるの。
B： きみの気持ちはよくわかるよ。これからはきっとうまくいくから。

depresso 落ち込んで，意気消沈して。

□ 460 心配しないで
Non ti preoccupare

A*: Maria non è ancora tornata.
B: Non ti preoccupare. Ha detto che avrebbe fatto tardi stasera.

A：マリーアがまだ帰らないの。
B：心配することはない。今夜は遅くなるって言ってたじゃないか。

preoccuparsi 心配する。 **avrebbe fatto** ＊過去未来を意味する条件法過去。 **fare tardi** 遅くなる。

□ 461 あまり気にしすぎないで
Non temere troppo

A: Non temere troppo di sbagliare quando parli in italiano.
B*: Ma mi vergogno se faccio un sacco di errori.

A：イタリア語を話すときに間違いを気にしすぎてはいけない。
B：でもあんまり間違ってばっかりだと恥ずかしいし。

temere 気にかける。 **sbagliare** 間違える。 **vergognarsi** 恥ずかしく思う。 **un sacco di** たくさんの。

□ 462 気にしないで放っておきなさい

Lascia perdere

A: Mi è arrivato un messaggio strano che è scritto in una lingua che non conosco.
B*: Fammelo vedere... Lascia perdere. Sarà uno scherzo dei tuoi amici.

A：ぼくの知らない言語で書かれた変なメッセージが届いたんだ。
B：見せて…。気にしないで放っときなさい。友だちのいたずらみたいだから。

lasciare そのままにする。 **perdere** 失う，なくす。 **scherzo** 冗談，おふざけ。

□ 463 大したことじゃない
Non è grave

A: Ho sentito che sei caduta dalle scale della stazione. Stai bene?
B*: Sì, sono caduta e mi sono storta la caviglia sinistra, ma non è grave.

A： 駅の階段から落っこちたんだって？ 大丈夫？
B： 落ちて左足首をひねったけど，大したことない。

grave 深刻な，重大な。 **cadere** 落ちる，転ぶ。 **storto**：**storcersi**（捻る）の過去分詞。 **caviglia** 足首。

□ 464 なんでもないことだ
Non fa niente

A: Scusami, ho sporcato il tuo libro. Te ne compro uno nuovo.
B*: No, no, non fa niente. Non ti preoccupare.

A： ごめん。きみの本を汚してしまった。新しいのを買って返すよ。
B： いいよいいよ，なんでもないことだから。気にしないで。

sporcare 汚す。 **non ti preoccupare** → p.161。

□ 465 心配はいらない

Non c'è da preoccuparsi

A*: Ogni tanto mi gira la testa, soprattutto quando fa caldo.
B: È un effetto collaterale dei farmaci. Non c'è da preoccuparsi.

A： 特に暑い日にはときどき頭がくらっとするんですが。
B： それは薬の副作用です。心配はいりません。

ogni tanto ときどき。 **gira la testa a *qlcu.*** 〈人〉がめまいを起こす。 **effetto collaterale** 副作用。 **farmaco** 薬。

□ 466 がっかりしないで

Non essere deluso

A*: Non essere così deluso dal comportamento di tuo padre. Lo sai com'è fatto.
B: Sì, lo so. Mio padre è sempre così. Ma a volte non posso lasciar correre.

A：お父さんの態度にそんなにがっかりすることないって。ああいう人なのはわかってるでしょう。
B：わかってる。父さんはいつもああだから。でも時に見過ごせなくなるんだ。

deluso：**deludere**（失望させる，がっかりさせる）の過去分詞。 **comportamento** 態度，振る舞い。 **a volte** 時折。 **lasciar correre** 大目に見る。

□ 467 がっかりしないで

Non scoraggiarti

A*: Sono stata respinta di nuovo al colloquio di lavoro.
B: Dai, non scoraggiarti. La prossima volta andrà meglio.

A：また面接で落とされちゃった。
B：そんながっかりすることないよ。次はきっとうまくいくよ。

scoraggiarsi 落胆する，自信を失う。 **respinto**：**respingere**（拒否する，断る）の過去分詞。 **di nuovo** またしても。 **colloquio di lavoro** 就職の面接試験。

□ 468 へこたれないで

Non abbatterti

A: Non abbatterti se nella vita incontri delle difficoltà.
B*: Sì, ma capitano tutte a me!

A：いろいろな困難にぶつかったとしても，へこたれてはいけない。
B：そうだけど，なんで私だけこんな目にあうの？

abbattersi がっかりする，打ちのめされる。 **capitare a** ***qlcu.*** 〈人〉にふりかかる。 **capitano tutte a me.** ＊直訳すると「嫌なことばかり私の身に起こる」。「いつも運が悪い」の意味で用いられる。

□ 469 人生はそんなもの

Così è la vita

A: Sembrava che quei due si amassero così tanto, e invece si sono già lasciati!

B*: Che ci vuoi fare. Così è la vita.

A：あんなに仲良さそうだったのに，あのふたりもう別れてしまったよ。

B：だからってあなたにはどうしようもないでしょ。人生はそんなものよ。

vita 人生。 **amarsi**《相互的再帰動詞》愛し合っている。 **lasciarsi**《相互的再帰動詞》別れる。

□ 470 よくあること

Sono cose che capitano

A*: In biglietteria ho chiesto un biglietto per Milano, ma mi hanno dato quello per Merano.

B: Sono cose che ogni tanto capitano.

A：チケット売り場でミラーノ行きの切符を頼んだのに，メラーノ行きのを渡されたの。

B：よくあることだよ。

capitare（ありがたくないことが）起こる，生じる ＊ネガティブな意味を持たない **succedere** を用いることもできる。 **Merano** メラーノ ＊オーストリアとの国境に位置する北辺の町。 **ogni tanto** ときに。

□ 471 生まれつきそうなんだ

Sono fatto così

A*: Ma tu non puoi essere un po' più puntuale? Arrivi sempre in ritardo.

B: Mi dispiace, ma sono fatto così.

A：もうちょっと時間を守ろうっていう気になれないの？　いつも遅刻するんだから。

B：悪いとは思うけど，こういう人間なんだ。

essere fatto：**fare**（作る）の受け身 ＊「生まれつきこういうふうにできている」の意。
puntuale 時間を遵守する。

□ 472 きみのせいじゃない
Non è colpa tua

A*: Non avrei dovuto regalargli la moto! Così non avrebbe avuto l'incidente.
B: Non è colpa tua.

A： バイクなんかプレゼントしなければよかった。そうすれば事故に遭うこともなかったのに。
B： きみのせいじゃないよ。

colpa 罪，過失，責任。 **non avrei dovuto** ～すべきじゃなかった ＊過去の現実を後悔する場合に条件法過去を用いて表現する。

□ 473 自分を責めないで

Non tormentarti

A*: Non avrei dovuto dirgli la verità.
B: Non tormentarti troppo. Tanto prima o poi l'avrebbe saputa lo stesso.

A： 彼にほんとうのことを言わなければよかった。
B： そんな自分を責めることはないよ。どうせいつかは知ることになるんだから。

tormentarsi 自分を責めさいなむ。 **verità** 真実。

□ 474 誰にだって間違いはある

Chiunque può sbagliare

A*: In ufficio oggi ho commesso un grosso errore.
B: Non pensarci troppo. Chiunque può sbagliare. Nessuno è perfetto.

A： 今日会社で大きなミスをしてしまったの。
B： そんな気にすることないよ。誰にだって間違いはあるんだから。完璧な人なんかいない。

chiunque 誰しも。 **commesso**：**commettere**（犯す）の過去分詞。 **grosso** 重大な。 **perfetto** 完璧な。

□ 475 無理しないで
Non sforzarti

A*: Non sforzarti di cambiare le circostanze. Cerca di adattarti tu.

B: Ho capito. Cercherò di parlare con i compagni di classe.

A： 無理に周りを変えようとするんじゃなくて，溶け込もうとしてみたら。

B： わかった。同級生に話しかけてみるよ。

sforzarsi di + *inf.* 〜しようと努力する，がんばる。 **circostanza** 環境，周囲。 **adattarsi** 適応する。

□ 476 がんばりすぎないで
Non lavorare troppo

A: In questi giorni ho lavorato sempre fino a tardi. Non sono tornato prima di mezzanotte.

B*: Non lavorare troppo. Se no ti rovini.

A： このところいつも遅くまで仕事をしていて，深夜０時までに帰れた試しがない。

B： そんな働きすぎないで。からだ壊すわ。

prima di 〜前に。 **rovinarsi** からだを壊す。

□ 477 休んだほうがいい
Riposati

A*: Sembri stanco. Riposati un po'.

B: Grazie, ma devo finire questo lavoro entro oggi.

A： 疲れてるみたいね。少し休んだら。

B： ありがとう。でもこの仕事を今日中に終わらせなくちゃならないんだ。

riposarsi からだを休める，休息をとる。 **entro** 〜以内に。

□ 478 慎重に

Sii prudente

A*: Stasera torno tardi. Vado a ballare con gli amici.
B: Sii prudente. Se hai qualche problema, chiamami al cellulare.

A： 今夜は遅くなる。友だちと踊りに行ってくるから。
B： 気をつけて。なにかあったらすぐに携帯に電話するんだぞ。

prudente 慎重に，用心して。 **ballare** 踊る，ダンスする。

□ 479 用心するに越したことはない

Non si è mai troppo prudenti

A*: Viaggio nel Sud Italia da sola. Mi daresti qualche consiglio?
B: Attenta sempre a non entrare nelle zone pericolose. Non camminare da sola quando è buio. Non si è mai troppo prudenti.

A： 南イタリアをひとりで旅するんだけど，何かアドヴァイスはある？
B： 危険な場所に入らないようにつねに気をつけること。暗くなったらひとりで出歩かないこと。用心するに越したことはないからね。

consiglio アドヴァイス。 **attento a** ～に気をつける，注意する。 **pericoloso** 危険な。 **buio** 暗い。

□ 480 からだに気をつけて

Bada alla tua salute

A: Sei appena tornata a casa dall'ospedale. Bada alla tua salute.
B*: Grazie. Cercherò di lavorare meno.

A： 退院したばかりなんだから，からだに気をつけないと。
B： ありがとう。あんまり働き過ぎないように気をつける。

badare a ～に用心する。 **salute** 健康。 **cercare di** + *inf.* ～するように努める。

☐ 481

～にはうんざり
Sono stufo di ...

A: Sono stufo di studiare per gli esami.
B*: Ma dopo averli fatti puoi fare quello che vuoi.

A：もう試験勉強にはうんざりだ。
B：でも済んでしまえば好きなことができるじゃない。

stufo 飽き飽きした。

☐ 482

～にはうんざり
Mi sono stancato di ...

A*: Mi sono stancata di lavorare come impiegata.
B: Allora pensi di lavorare per conto tuo?

A：会社員として働くことにはもううんざり。
B：じゃあ，独立して仕事する気かい？

stancarsi di ～に飽き飽きする。 **impiegato** 会社員，サラリーマン。 **lavorare per conto *proprio*** （人に雇われずに）独立して仕事をする。

☐ 483

もう耐えられない
Non ne posso più

A*: Non ne posso più. Non sopporto mio marito.
B: Ma siete sposati solo da sei mesi!

A：もう耐えられない。夫に我慢ならないの。
B：でもまだ結婚して半年しか経ってないじゃないか。

non poterne più di ～に我慢ならない。 **sopportare** 耐える。

□ 484 すみません
Scusami

A: Scusami se non ti ho richiamato ieri sera. Ero stanco e mi sono addormentato subito.
B*: Non fa niente.

A：ごめん，昨日の夜電話かけ直さなくて。疲れていてすぐに寝ちゃったんだ。
B：気にしないで。

scusare 許す。 **richiamare** 電話をかけ直す。 **addormentarsi** 寝入る。 **non fa niente** → p.162。

□ 485 許してください
Ti chiedo scusa

A*: Ti chiedo scusa per il ritardo nella risposta.
B: Non ti preoccupare. So bene che sei occupata in questi giorni.

A：返事が遅くなってすみません。
B：心配しなくていいよ。きみが最近忙しいのはわかってるから。

scusa 許し。 **ritardo** 遅れること。 **non ti preoccupare** → p.161。 **occupato** 忙しい。

□ 486 ほんとうに申し訳ありません
Sono sinceramente dispiaciuto

A*: Sono sinceramente dispiaciuta per l'inconveniente, spero che adesso Lei possa ricevere i file senza problemi.
B: Questa volta li ho potuti aprire senza nessun problema. La ringrazio.

A：ご不便をおかけしてほんとうに申し訳ありません。今回は無事にファイルが届いているといいんですが。
B：今回はちゃんと開けました。どうもありがとうございました。

ポイント
dispiaciuto 気の毒な，心の痛む。 **inconveniente** 不都合，厄介。 **file** ファイル。

□ 487 許してください
Perdonami

A*: Ti prego, perdonami per quello che ti ho detto. Non volevo offenderti.
B: Lasciamo perdere.

A：ひどいこと言ってごめんなさい。許して。傷つけようとしたわけじゃないの。
B：もう水に流そう。

perdonare 許す。 offendere 傷つける。 lasciamo perdere → p.161。

□ 488 許しを乞う
Chiedo perdono

A: Chiedo perdono se ho compromesso, senza volerlo, la Sua reputazione.
B*: Non si preoccupi.

A：その気がなかったとはいえ，あなたの体面を傷つけてしまったのだとしたらお許しください。
B：気にする必要はありません。

perdono 許し。 compromesso：compromettere（名声などを汚す）の過去分詞。 reputazione 名声，評判。

□ 489 水に流そう
Mettiamoci una pietra sopra

A*: Ti chiedo scusa per quello che ti ho combinato.
B: Dai, mettiamoci una pietra sopra.

A：ごめんなさい，あなたに迷惑ばかりかけて。
B：もういいよ。水に流そう。

pietra 石 ＊直訳すると「その上に石を載せよう」。石で蓋をして「気にしないようにする，忘れる」を意味する。 combinare（よくないことを）する。

□ **490**

待たせてごめん

Scusami se ti ho fatto aspettare

A*: Scusami se ti ho fatto aspettare. Ho avuto un problema all'ultimo momento prima di uscire.

B: No, no, anch'io sono arrivato adesso.

A： 待たせてごめんね。出かけに急に問題が起こって。

B： いいよいいよ，こっちも今着いたところだから。

fare (使役) ～させる。 **all'ultimo momento** ～しかけているときに。

□ **491**

待たせてごめん

Scusami per averti fatto aspettare

A*: Scusami per averti fatto aspettare così a lungo.

B: Non fa niente. Tanto abbiamo tempo prima che arrivi il treno.

A： こんなに長いこと待たせてごめん。

B： いいよ。列車が来るまでまだ時間あるし。

a lungo 長いこと。 **non fa niente** → p.162。

□ **492**

きみの助言を聞いておけばよかった

Avrei dovuto seguire i tuoi consigli

A: Anche oggi sei arrivata in ritardo!

B*: Avrei dovuto seguire i tuoi consigli e prendere il treno precedente.

A： 今日もまた遅刻だね。

B： あなたのアドヴァイスどおり，一本前の電車にすればよかった。

avrei dovuto ～すべきだった ＊過去の現実を後悔する場合に条件法過去を用いて表現する。
seguire 従う。 **precedente** 前の，先行する。

□ 493 ～は私の責任じゃない

Non sono responsabile di ...

A: Non sono responsabile di quello che è successo.
B*: Ma Lei è il direttore, perciò almeno fino a un certo punto ne è responsabile.

A： 今回の件に関して私に責任はありません。
B： ですがあなたは部長ですから，少なくともある程度の責任はあるでしょう。

ポイント **responsabile** 責任がある。 **succedere** 起こる。 **fino a un certo punto** ある程度まで。

□ 494 わざとではない

Non l'ho fatto apposta

A*: Che fai? C'è mancato poco che cadessi dalle scale.
B: Scusami molto, ma non l'ho fatto apposta.

A： 何するのよ。あやうく階段から落ちるところだったじゃない。
B： ほんとにごめん。わざとじゃないんだ。

ポイント **apposta** 故意に，わざと。 **ci manca poco che** もう少しで～しそうになる ＊**che** 節の中では接続法を用いる。

□ 495 事故だった

È stato un incidente

A*: Perché hai cancellato il mio file?
B: Ti chiedo scusa, ma è stato un incidente. Ero distratto.

A： どうして私のファイル消しちゃったの？
B： 申し訳ない。でも事故だったんだ。ぼんやりしていて。

ポイント **incidente** 偶発的なできごと。 **cancellare** 消去する。 **ti chiedo scusa** → p.169。
distratto うわの空の，注意散漫な。

□ 496 私のせいだ
È colpa mia

A*: Se l'avessi saputo prima, avrei preso qualche provvedimento.
B: Chiedo scusa perché è colpa mia.

A： 事前に知っていれば，なんらかの手が打てたんですが。
B： 申し訳ありません。私の責任です。

avessi saputo ＊接続法大過去にすることで過去の事実とは異なる仮定を表す。
provvedimento 措置，対策。　**colpa** 過失，責任。

□ 497 私のせいで
Per colpa mia

A*: Mi spieghi perché non sono arrivati i prodotti che avevamo ordinato la settimana scorsa.
B: Probabilmente per colpa mia. Ero qui, ma non ricordo di aver firmato la bolletta di ordinazione.

A： 先週注文した商品がまだ届いていないのはどういうわけか説明してください。
B： おそらく私の責任です。注文書にサインをしたかどうかは覚えていませんが，その場にいましたから。

firmare 署名する。　**bolletta** 領収書。　**ordinazione** 注文。

□ 498 責められるべきは私だ
Sono io quello da biasimare

A*: Di chi è la colpa?
B: Sono solo io quello da biasimare, gli altri non c'entrano niente.

A： 誰の責任ですか。
B： 責められるべきは私ひとりで，ほかの人たちはなんの関係もありません。

biasimare 非難する，とがめる。　**entrarci** 関係がある。

□ 499

二度と同じミスは繰り返さない
Non ripeterò più lo stesso errore

A: Scusami, non ripeterò più lo stesso errore.
B*: Sta' attento. La prossima volta non ti perdono.

A： ごめんなさい。もう二度としません。
B： 気をつけなさいね。次は許しませんよ。

non ... più もう〜しない。 **ripetere** 繰り返す。 **stare attento** 気をつける。

□ 500

二度としない
Non lo farò mai più

A*: Oggi sei arrivato con un'ora di ritardo!! Non ne posso più.
B: Scusami. Non lo farò mai più.

A： 今日は１時間も遅刻よ。もう我慢できない。
B： ごめん。もう二度としない。

non ... mai 決して〜しない。 **ritardo** 遅れ。 **non ne posso più** → **p.168**。

□ 501

二度としないと約束する
Ti giuro di non farlo più

A: Hai lasciato ancora la luce accesa tutta la notte.
B*: Scusa. Ti giuro di non farlo più.

A： また一晩中電気をつけっぱなしだったよ。
B： ごめんなさい。もう二度としないって約束する。

ポイント
lasciare 放置する。 **acceso** 点けた。 **giurare a *qlcu.* di + *inf.*** 〈人〉に〜することを誓う。

森口 いずみ（もりぐち・いずみ）
東京外国語大学大学院修了。1989–90 年にヴェネツィア留学。『和伊中辞典』（小学館）の編集，『伊和中辞典』（小学館）の改訂に携わる。2006 年 4 月～6 月，NHK ラジオイタリア語講座の応用編を担当。現在，日伊協会講師，東京外国語大学非常勤講師。
著書に，『すぐ使える！短いイタリア語表現2009』（共著，実務教育出版刊），『【ポケット判】イタリア語で言ってみたい「この一言」』（語研刊），『口が覚えるイタリア語』（三修社刊）がある。

3パターンで決める
日常イタリア語会話ネイティブ表現【新装版】

2012 年 11 月 30 日　初版 第 1 刷発行
2020 年 10 月 30 日　新装版 第 1 刷発行

著　者　森口 いずみ
制　作　ツディブックス株式会社
発行者　田中 稔
発行所　株式会社 語研
〒 101–0064
東京都千代田区神田猿楽町 2–7–17
電　話 03–3291–3986
ファクス 03–3291–6749
組　版　ツディブックス株式会社
印刷・製本　倉敷印刷株式会社

ISBN978-4-87615-361-9 C0087
書名　ニチジョウ イタリアゴカイワ ネイティブヒョウゲン シンソウバン
著者　モリグチ イズミ

株式会社語研 GOKEN

語研ホームページ https://www.goken-net.co.jp/

本書の感想は
スマホから↓

基本単語2000シリーズ

聴いて、話すために必要な基本の2000語を項目別に学習。
旅行から日常会話まで、幅広く使える便利な実用単語集です。

学習レベル 入門～初級

新書判／音声別売

英語基本単語2000
川口孟己＋Dennis D. Smith [著]
定価：本体1,500円+税 248頁
ISBN：978-4-87615-668-9

中国語基本単語2000
樋口勝＋李珍 [著]
定価：本体1,200円+税 208頁
ISBN：978-4-87615-618-4

韓国語基本単語2000
張銀英 [著]
定価：本体1,200円+税 212頁
ISBN：978-4-87615-619-1

広東語基本単語2000
陳守強＋鄧超英 [著]
定価：本体1,650円+税 232頁
ISBN：978-4-87615-645-0

台湾語基本単語2000
鄭正浩 [著]
定価：本体1,750円+税 224頁
ISBN：978-4-87615-697-9

タイ語基本単語2000
水野潔＋水野ワーサナー [著]
定価：本体1,600円+税 244頁
ISBN：978-4-87615-620-7

インドネシア語基本単語2000
高殿良博＋舟田京子 [著]
定価：本体1,600円+税 232頁
ISBN：978-4-87615-657-3

ベトナム語基本単語2000
冨田健次 [著]
定価：本体1,750円+税 240頁
ISBN：978-4-87615-673-3

フィリピノ語基本単語2000
山下美知子＋Leith Casel [著]
定価：本体1,600円+税 232頁
ISBN：978-4-87615-621-4

マレーシア語基本単語2000
正保勇 [著]
定価：本体1,750円+税 232頁
ISBN：978-4-87615-664-1

フランス語基本単語2000
Elisabeth Morla＋渡邊弘美 [著]
定価：本体1,400円+税 236頁
ISBN：978-4-87615-622-1

ドイツ語基本単語2000
Hans-Joachim Knaup [著]
定価：本体1,500円+税 240頁
ISBN：978-4-87615-650-4

スペイン語基本単語2000
Norma C. Sumomo [著]
定価：本体1,400円+税 224頁
ISBN：978-4-87615-623-8

イタリア語基本単語2000
Guido Busetto＋橋本信子 [著]
定価：本体1,500円+税 236頁
ISBN：978-4-87615-644-3

ポルトガル語基本単語2000
吉浦要 [著]
定価：本体1,650円+税 256頁
ISBN：978-4-87615-659-7

ロシア語基本単語2000
森俊一 [著]
定価：本体1,650円+税 272頁
ISBN：978-4-87615-651-1

オランダ語基本単語2000
川端喜美子 [著]
定価：本体1,750円+税 244頁
ISBN：978-4-87615-692-4

デンマーク語基本単語2000
西田喜江＋Lars Petersen [著]
定価：本体1,750円+税 244頁
ISBN：978-4-87615-672-6

ギリシア語基本単語2000
荒木英世 [著]
定価：本体1,750円+税 244頁
ISBN：978-4-87615-680-1

アラビア語基本単語2000
森髙久美子＋坂上裕規 [著]
定価：本体1,750円+税 246頁
ISBN：978-4-87615-681-8

ペルシャ語基本単語2000
岡田恵美子 [著]
定価：本体1,750円+税 248頁
ISBN：978-4-87615-663-4

お買い求めは全国の書店またはオンライン書店で。
書店での検索にはISBNコードが便利です。
ホームページでは無料音声やためし読みを配信しております。

TEL：03-3291-3986
FAX：03-3291-6749
〒101-0064 東京都千代田区神田猿楽町2-7-17
https://www.goken-net.co.jp/